"十二五"职业教育国家规划教材

经全国职业教育教材审定委员会审定

文秘类专业

公关礼仪训练

Gongguan Liyi Xunlian

主编 张 宪

高等教育出版社·北京

内容简介

本书是"十二五"职业教育国家规划教材，依据教育部《中等职业学校文秘专业教学标准》，并参照文秘行业标准，结合文秘类岗位工作实际与中等职业学校文秘专业教学实践编写而成。

本书主要内容包括：形象礼仪训练、交际礼仪训练、职场礼仪训练、商务礼仪训练和涉外礼仪训练5个项目，每个项目下设工作任务，共设置22个工作任务。全书从任务目标入手，通过多种训练形式，从不同角度提升从业人员的职业素养。

本书配有学习卡资源，请登录Abook网站获取相关资源。详细说明见本书"郑重声明"页。

本书可作为中等职业学校文秘、行政事务助理、商务助理专业教材，也可作为职业礼仪的基本培训用书，还可作为相关从业人员提升礼仪素养的自学用书。

图书在版编目（CIP）数据

公关礼仪训练 / 张宪主编 . -- 北京：高等教育出版社，2022.8
文秘类专业
ISBN 978-7-04-057580-4

Ⅰ. ①公… Ⅱ. ①张… Ⅲ.①公共关系学 – 礼仪 – 中等专业学校 – 教材 Ⅳ. ①C912.3

中国版本图书馆CIP数据核字（2021）第262155号

策划编辑 苏 杨	责任编辑 苏 杨	特约编辑 于 露	封面设计 李卫青
版式设计 杜微言	责任校对 吕红颖	责任印制 耿 轩	

出版发行　高等教育出版社
社　　址　北京市西城区德外大街4号
邮政编码　100120
印　　刷　固安县铭成印刷有限公司
开　　本　889mm×1194mm　1/16
印　　张　14.25
字　　数　280千字
购书热线　010-58581118
咨询电话　400-810-0598

网　　址　http://www.hep.edu.cn
　　　　　http://www.hep.com.cn
网上订购　http://www.hepmall.com.cn
　　　　　http://www.hepmall.com
　　　　　http://www.hepmall.cn

版　次　2022 年 8 月第 1 版
印　次　2022 年 8 月第 1 次印刷
定　价　32.00元

本书如有缺页、倒页、脱页等质量问题，请到所购图书销售部门联系调换
版权所有　侵权必究
物　料　号　57580-00

出版说明

教材是教学过程的重要载体，加强教材建设是深化职业教育教学改革的有效途径，是推进人才培养模式改革的重要条件，也是推动中高职协调发展的基础性工程，对促进现代职业教育体系建设，提高职业教育人才培养质量具有十分重要的作用。

为进一步加强职业教育教材建设，2012年，教育部制订了《关于"十二五"职业教育教材建设的若干意见》（教职成〔2012〕9号），并启动了"十二五"职业教育国家规划教材的选题立项工作。作为全国最大的职业教育教材出版基地，高等教育出版社整合优质出版资源，积极参与此项工作，"计算机应用"等110个专业的中等职业教育专业技能课教材选题通过立项，覆盖了《中等职业学校专业目录》中的全部大类专业，是涉及专业面最广、承担出版任务最多的出版单位，充分发挥了教材建设主力军和国家队的作用。2015年5月，经全国职业教育教材审定委员会审定，教育部公布了首批中职"十二五"职业教育国家规划教材，高等教育出版社有300余种中职教材通过审定，涉及中职10个专业大类的46个专业，占首批公布的中职"十二五"国家规划教材的30%以上。我社今后还将按照教育部的统一部署，继续完成后续专业国家规划教材的编写、审定和出版工作。

高等教育出版社中职"十二五"国家规划教材的编者，有参与制订中等职业学校专业教学标准的专家，有学科领域的领军人物，有行业企业的专业技术人员，以及教学一线的教学名师、教学骨干，他们为保证教材编写质量奠定了基础。教材编写力图突出以下五个特点。

1. 执行新标准。以《中等职业学校专业教学标准（试行）》为依据，服务经济社会发展和产业转型升级。教材内容体现产教融合，对接职业标准和企业用人要求，反映新知识、新技术、新工艺、新方法。

2. 构建新体系。教材整体规划、统筹安排，注重系统培养，兼顾多样成才。遵循技术技能人才培养规律，构建服务于中高职衔接、职业教育与普通教育相互沟通的现代职业教育教材体系。

3. 找准新起点。教材编写图文并茂，通顺易懂，遵循中职学生学习特点，贴近工作过程、技术流程，将技能训练、技术学习与理论知识有机结合，便于学生系统学习和掌握，符合职业教育的培养目标与学生认知规律。

4. 推进新模式。改革教材编写体例，创新内容呈现形式，适应项目教学、案例教学、情景教学、工作过程导向教学等多元化教学方式，突出"做中学、做中教"的职业教育特色。

5. 配套新资源。秉承高等教育出版社数字化教学资源建设的传统与优势，教材内容与数字化教学资源紧密结合，纸质教材配套多媒体、网络教学资源，形成数字化、立体化的教学资源体系，为促进职业教育教学信息化提供有力支持。

为更好地服务教学，高等教育出版社还将以国家规划教材为基础，广泛开展教师培训和教学研讨活动，为提高职业教育教学质量贡献更多力量。

高等教育出版社

2015 年 5 月

前　言

　　本书是"十二五"职业教育国家规划教材，依据教育部《中等职业学校文秘专业教学标准》，并参照文秘行业标准，结合文员和秘书岗位工作实际与中等职业学校文秘专业教学实践编写而成。

　　本书着眼于学生职业生涯发展，注重职业素养的培养，以项目、任务、活动、案例为载体组织教学，注重自主学习与合作学习相结合，力求实现做中学、做中教，通过训练改变行为模式，让礼仪成为习惯。

　　本书具有以下四个方面的特点。

　　一是采用"项目统领，任务先行"的编写体例，通过教材体例的改变带动学习方式的转变，调动学生思维的积极性，让理论知识在帮助解决实际问题的过程中转化为实际的能力。

　　二是从"任务目标"入手，创设"任务情境"，立足学生学习、就业与职业发展的实际情况。通过"情境训练"为学生打造实践的平台，针对性的"案例讨论"则引导学生进一步借鉴和反思，"拓展训练"部分的创设为学生提供了综合运用和进一步提升的机会。

　　三是突出小组合作学习，尊重学生的差异性，通过小组间的互动与合作，帮助学生实现专业成长的同时培养良好的合作意识。

　　四是重视模拟训练，注重行动能力的培养，在解决问题的训练中学习和运用相关理论，注重解决问题，提高学生素质，为学生的个人发展奠定良好的基础。

　　本书通俗易懂、条例清晰，既能满足中职文秘专业学生学习的需要，同时也可以作为其他专业学生提高自身礼仪修养的训练用书。全书包括五个项目，内容涵盖形象礼仪训练、交际礼仪训练、职场礼仪训练、商务礼仪训练和涉外礼仪训练，在提高学生技能的基础上搭建就业和进升高职学习的平台。

　　本书由张宪担任主编，确定本书的编写思路和结构框架，负责全书的统稿工作，对全书进行总校并提出修改意见；谈海宁编写项目一；谭清芝编写项目二；王茂玲编写项目三；张宪编写项目四；王冲编写项目五；李霞进行计算机技术支持，并承担了教材的资料检索和收集工作，全体编写成员均来自文秘工作或教学一线，具有多年的实践经验，很多案例材料来自文秘毕业生的工作实践。

本书建议54学时，具体安排参考下表。

学时分配表（供参考）

项目	内容	训练学时数		
		学生活动	教师指导	小计
一	形象礼仪训练	10	1	11
二	交际礼仪训练	14	3	17
三	职场礼仪训练	10	2	12
四	商务礼仪训练	8	2	10
五	涉外礼仪训练	3	1	4
合计		45	9	54

本教材是校企合作教材，体现产教融合特色，在编写过程中，得到了浙江省衢州市行知教育集团执行董事长徐飚老师、高等教育出版社的周钢老师具体的帮助和支持。编写过程中参考了大量报刊文献，吸收了大量专家学者的研究成果，限于篇幅仅列出了主要参考文献。在此一并向各位专家表示衷心的感谢，有些资料参考互联网上发布和转发的信息，在此亦向各位原作者表示诚挚的谢意。

因编者知识水平和职业阅历所限，不足之处在所难免，敬请广大读者在使用中批评指正。

编　者
2021年5月

目　录

项目一
形象礼仪训练

 项目概述

在竞争日趋激烈的今天，个人形象和礼仪修养对个人和组织发展越来越重要。社会学者也普遍认为一个人的形象在人格发展及社会关系中扮演着举足轻重的角色。

调查结果显示，当人们初次见面时，第一印象中的55%是来自人的外表，包括容貌、服饰等，38%来自于仪态，包括举手投足之间传达出来的气质、说话的声音和语调等，而只有7%的内容来源于简单的交谈。因此，注重第一印象，注重我们的个人形象，将赢得更多求职、升迁、交友、合作的机会。

本项目的基本内容包括仪容礼仪、仪表礼仪、仪态礼仪和服饰礼仪。

 项目分解

本项目主要包括：

- 任务1　仪容礼仪
- 任务2　仪表礼仪
- 任务3　仪态礼仪
- 任务4　服饰礼仪

任务1 仪容礼仪

任务目标

- 选择适合自己的发型。
- 结合自身特点进行面部和手部的修饰、美化。
- 结合个人情况选择适合自己的妆容风格。
- 能够灵活运用仪容礼仪，塑造端庄优雅的职业形象。

 ### 任务情境

一天清晨，张茜带着公司新来的员工王芳外出办业务，主要是考察一家准备加盟本公司的食品厂。一上车，张茜感觉原本五官清秀的王芳今天看起来面无血色，显得无精打采。她仔细一看发现，王芳可能因为起晚了，匆忙间没顾上化工作淡妆，头发有些凌乱，在车内的灯光下显得有点病态。当张茜接过王芳递过来的材料时，突然发现她有两个手指上涂的指甲油都缺了一块。张茜不由得皱起了眉头。

 ### 任务解析

容貌是人的心灵外衣，它反映着一个人的精神面貌、朝气和活力，是传达给对方感官最直接、最生动的第一信息。因此，在人际交往中，每个人的仪容都会引起交往对象的特别关注，并将影响到对方对自己乃至组织形象的整体评价。所以，在社交中不可忽视仪容。

从"任务情境"中可以看出，王芳在工作场合不注意仪容礼仪引起了张茜的不满意，势必也会影响客户对公司形象的认可。所以，在交际活动中，一个人的形象塑造是非常重要的。怎样选择合适的发型？如何进行面部、手部的修饰、美化？怎样化妆？是我们必须重视的问题。

发型礼仪、面部修饰礼仪、手部修饰礼仪的操作要点见表1-1至表1-3。

表1-1　发型礼仪的操作要点

操作项目	操作要求	操作标准
发型与头型结合	（1）头型大的人，不宜烫发	头型大，刘海不宜梳得太高，最好遮盖住一部分前额
	（2）头型小的人，头发不宜留得过长	头型小，头发可做的蓬松一些，长发最好烫成大花
	（3）头型长的人，头顶部不宜吹得过高	头型长，两边的头发应吹得蓬松
	（4）头型尖的人，不宜剪平头	头型尖，宜剪短发烫卷，头顶压平，两侧头发呈卷曲状
	（5）头型圆的人，不要遮住面部	头型圆，刘海可以吹得高一点，两侧的头发向后面吹
发型弥补脸型	（1）衬托法	瘦长的脸或宽胖头型和脸型，利用两鬓和顶部的一部分块面，改变脸部轮廓
	（2）遮盖法	利用头发来组成合适的线条或块面，遮盖头面部某些部位的不协调及缺陷
	（3）填充法	利用长发或卷发填充细长的头颅，还可以借助发辫、发鬓来补充头部、面部的不足之处，或缀以头饰来装饰

表1-2　面部修饰礼仪的操作要点

操作项目	操作要求	操作标准
面部清洁	面部整洁光润	清洁面部
	眉清目秀	修剪眉毛
	牙齿清洁，口腔清新	出席比较重要的场合之前不能食用蒜、葱、韭菜、腐乳等有强烈气息的食品；餐后清洁口腔，可以使用漱口水或者口香糖等去除口气，但不能在他人面前嚼口香糖
面部修饰	（1）清洁面部皮肤	最好油洗洁肤
	（2）润肤	用爽肤水轻按面部和颈部，再加一层有色润肤液
	（3）打底粉	打粉底时要一直抹到鬓边和颈下，以免出现痕迹
	（4）清扫眼影粉	用毛刷清扫眼影粉，眼睑内侧涂上较深的眼影
	（5）画眼线	用黑色眼线笔在上下睫毛线上画眼线
	（6）扫睫毛	用睫毛卷从睫毛下侧面上扫两次；下睫毛先扫一次，再用睫毛刷轻扫

操作项目	操作要求	操作标准
面部修饰	（7）打胭脂粉	打上胭脂粉使颧骨突出，轻扫太阳穴部位
	（8）画唇形	用唇笔画出唇形，上下唇中加上珠光唇彩，以增光泽

表1-3　手部修饰礼仪的操作要点

操作项目	操作要求	操作标准
手部修饰	手部洁净	勤洗双手
	不留长指甲	指甲的长度不应超过手指指尖，不要在指甲上涂颜色过于突兀的指甲油
	手部不纹刺图案	手部不能有过于另类的纹刺图案

训练内容

【情境训练】

（1）分组自评互评仪容。

（2）结合任务情境，分组讨论王芳在仪容上存在的问题以及对你的启示。

（3）观看新闻时欣赏中央电视台《新闻联播》中主持人的仪容。

（4）分组交流各成员的头型和脸型，讨论适合每个人的发型以及如何用发型弥补脸型的不足。

（5）分组交流各成员的发型，并说明理由，其他小组点评并提出建议。

（6）女生对镜进行化妆，分小组学习和交流化妆知识。组内推选代表课堂展示化妆成果，并阐述推选的理由，其他小组进行点评。

（7）"仪容形象大赛"。根据所学仪容礼仪知识，分组进行仪容形象展示，用数码相机拍摄，从发型设计、面部化妆和手部修饰方面进行评选，选出比较有代表性的、优秀的学生，上台分享经验。

训练手记：

_____。

【案例讨论】

案例1

王芳文秘专业毕业后就职于一家公司做文员。为适应工作需要，上班时，她放弃了自己平时喜欢的"清纯少女妆"，化起了整洁、漂亮、端庄的"白领丽人妆"：不脱色粉底液，修饰自然、稍带棱角的眉毛，与服装色系搭配的灰度高、偏浅色的眼影，紧贴上睫毛根部描画灰棕色眼线，黑色自然型睫毛，再加上自然的唇型和略显浓艳的唇色，整个妆容清爽自然，尽显自信、成熟、干练的气质。

公休日，她会化起久违的"青春少女妆"：粉蓝或粉绿、粉红、粉黄、粉白等颜色的眼影，彩色系列的睫毛膏和眼线，粉红或粉橘的腮红，自然系的唇彩或唇油，看上去娇嫩欲滴，鲜亮淡雅，整个身心都倍感轻松。

恰到好处的仪容带来了好心情，工作效率自然就高。一年来，王芳以自己得体的外在形象、勤奋的工作态度和骄人的业绩，赢得了公司同人的好评。

思考：案例中的王芳给你哪些启示？

我来说：

_____

_____

_____

_____。

案例2

日本著名企业家松下幸之助从前不修边幅，企业也不注意形象，因此企业发展缓慢。一天理发时，理发师不客气地批评他不注重仪表，说："你是公司的代表，却这样不注重衣着，别人会怎么想，连人都这样邋遢，他的公司会好吗？"从此，松下幸之助一改过去的习惯，开始注意自己在公众面前的仪表仪态，生意也随之兴旺起来。现在，松下电器的种类产品享誉天下，与松下幸之助长期率先垂范，要求员工懂礼貌、讲礼节是分不开的。

思考：为什么要注重仪容？本案例对你有何启示？

我来说：

_____

_____

_____

_____。

案例3

近几年来，发型的选择逐渐呈现出日益多元化的倾向，明星人物和新潮青年们在选择自己的发型时，纷纷地"敢为天下先"：成年男子要么留披肩发，要么梳起小辫儿；妙龄少女则或者理"板寸"，或者剃光头……此类做法甚至一时成风，但是素来以恪守传统而著称的商界人士依旧不为所动、不去效仿。以发型而分男女，在商界依旧应当是一种人人必须遵守的惯例。

思考：你如何看待这一社会现象？

我来说：

_____

_____

_____

_____。

知识链接

一、发型礼仪

（一）发型与头型的结合

合适的发型，可使人自我感觉良好，让他人耳目一新，既有实用价值，又符合形象礼仪的要求。

人的头型大致可以分为大、小、长、尖、圆等几种形状，设计发型时，应从头部的结构特征出发，正确地认识每一个人头型的优点和缺点，才能更好地发扬优点，掩盖缺点，达到扬长避短的效果。流行的发型不一定适合每一个人，不同的头型应该选择不同的发型。

1.头型大的发型

头型大的人，不宜烫发，最好剪成中长，或者是长的直发，也可以剪出层次，刘海不宜梳得太高，最好遮盖住一部分前额。

2.头型小的发型

头型小的人，头发可做蓬松一些，长发最好烫成大花，但头发不宜留得过长。

3.头型长的发型

头型长的人，由于头型较长，故两边的头发应吹得蓬松，头顶部不要吹得过高，应使发型横向发展。

4.头型尖的发型

头型尖的人，头型的上部窄、下部宽，不宜剪平头，宜剪短发烫卷，顶部压平一点，两侧的头发向后吹成卷曲状，使头型呈椭圆形。

5.头型圆的发型

头型圆的人，刘海可以吹得高一点，两侧的头发向后面吹，不要遮住面部。

（二）发型弥补脸型

脸型是决定发型的重要因素之一，发型和脸型要协调配合，发型又可以修饰脸型。利用发型来弥补脸型的缺陷通常有三种方法：

1.衬托法

利用两鬓和顶部的一部分块面，改变脸部轮廓，分散原来瘦长的脸或宽胖头型和脸型的视觉。

2.遮盖法

利用头发来组成合适的线条或块面，以遮盖头面部某些部位的不协调及缺陷。

3.填充法

利用长发，或者是卷发来填充细长的头颅，还可以借助发辫、发鬓来补充头部、面部的不足之处，或缀以头饰来装饰。

男士发型由于留发较短，发型的变化不及女士的多，但通过修剪、吹风、梳理或者烫发，也能梳理出多种多样、美观大方、具有男性魅力的发型。

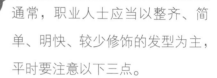

特别提醒

通常，职业人士应当以整齐、简单、明快、较少修饰的发型为主，平时要注意以下三点。

（1）梳好、剪好和清理好头发，定期洗发，如果有头皮屑应该尽快治疗。女性应该定期对头发做修剪和保养。

（2）发型发色应当简洁自然，不宜烫染夸张的发型发色。女士的头发最好不挡住眼睛，出席正式商务活动最好将长发挽束。

（3）头发上不宜佩戴过分花哨夸张的发饰品。

二、面部修饰礼仪

（一）面部清洁

保持面部的清洁是日常最重要的工作，其中包括牙齿的清洁和口腔的清新。出席比较重要的社交场合之前，不能食用蒜、葱、韭菜、腐乳等有强烈气息的食品。餐后应清洁口腔，如果有口气，可以使用漱口水或者口香糖等除去异味，保持口腔的整体清洁。

要注意不在他人面前嚼口香糖，这是不礼貌的，特别是与人交谈时，更不应嚼口香糖。

面部看上去应当润泽光滑，皮肤要健康清洁，男士要每天刮脸，女士应该定期美容。

面部修饰的基本要求：不蓄胡须、鼻毛不外现、干净整洁、口无异味。公务和商务场合不戴墨镜或有色眼镜。

（二）面部修饰

现今的社交礼仪中，女性化妆是基本的礼貌之一，恰如其分的妆容可以增加个人形象的分数值，还能展示良好的精神风貌，体现出对自身职业的尊重。

日常工作妆的简易步骤如下。

（1）清洁面部皮肤　在未涂敷底色之前，必须将面部皮肤的不洁之物除去，最好是油洗，即选用洗面霜、清洁霜这类的油质皮肤清洁剂洗面。

（2）润肤　用爽肤水轻按面布和颈部，然后再加一层有色润肤液，使未经化妆的面部洁净、清爽而滋润。

（3）打底粉　用少量粉底涂在脸上，再用棉球或海绵将粉底仔细地抹匀，一直抹到鬓边和颈下；然后用少许油质眼影膏打底，它能将眼影粉的颜色表现得更加纯正；颧骨上也可用少许油质眼影膏打底，用指尖在颧骨上轻轻抹匀。

（4）清扫眼影粉　用毛刷清扫眼影粉，使不同颜色的眼影粉刷得更加均匀。在眼睑内侧涂上较深的眼影，以衬托出鼻子的线条，这是东方人脸型常用的一种技巧。

（5）画眼线　用黑色眼线笔在上下睫毛线上画眼线，让眼睛显得炯炯有神，格外增添魅力。

（6）扫睫毛　用睫毛卷，从睫毛下侧面上扫两次，待干。当扫下睫毛时，可先用睫毛卷扫一次，再用干净的睫毛刷轻扫。

（7）打胭脂粉　打上胭脂粉，能使整个脸部显得柔美自然，也能使颧骨显得突出；然后用同色胭脂粉轻扫太阳穴部位，可使面部色彩浓淡和谐。

（8）画唇形　首先在原来的唇线上搽粉底，再打粉，然后用唇笔画出所设计的唇形。在上下唇中加上珠光唇彩，以增光泽。

上述步骤完成后，日常妆就完整结束了。面容化妆的预期效果应该是无明显的化妆痕迹，典雅大方。

特别提醒

（1）忌在公共场合整理仪容。女性当着他人的面化妆或补妆都是不雅观的行为。

（2）不可随意使用他人的化妆品，即使是关系很亲密的朋友也不例外。

（3）使用清洁的化妆用品，所携带的化妆用品应该有条理地放在化妆包内，以便从容地取出使用。

三、手部修饰礼仪

手是人的第二张脸，也是我们在社交场合中动作比较多的部位，所以手部的整洁很重要。

（1）勤洗双手，保持手部的洁净是最基本的礼貌。

（2）手部要注意保护，不能有红肿粗糙、长疮、生癣、皲裂的现象。

（3）不留长指甲，指甲的长度不应超过手指指尖。定期清理修剪指甲，修指甲时，指甲沟附近的"暴皮"要同时剪去，不能用牙齿啃指甲。指甲要保持整洁和有光泽，不要在指甲上涂颜色过于突兀的指甲油。特别值得提出的是，在公共场合修剪指甲，是不文明、不雅观的举止。

（4）女性在穿着无袖上装时，应剃除腋毛。

（5）如果手部有过于另类的纹刺图案，在正式的社交场合会降低你在别人心目中的印象分值。

拓展训练

活动体验"谁的仪容美"

阿美初学化妆，对此很感兴趣。走在街上，总爱观察别人的妆容，因此发现了一道道奇特风景线：

一位中年妇女没有做其他化妆，仅涂了一个嘴唇，而且是那种很红很艳的唇膏，只突出了一张嘴。一位女士的妆容看起来真的很漂亮，可惜脸上精彩纷呈，脖子却粗糙马虎，在脸庞轮廓上有明显的分界线，像戴了面具一样。再看，还有的女士用粗的黑色眼线将眼睛轮廓包围起来，像个"大括号"，看上去那么的生硬、不自然。一位很漂亮的女士，身穿蓝色调的时装，却涂着橘红色的唇膏……

要求：

（1）针对以上几种情形，请帮助阿美分析一下上述女士应该怎样化妆。

（2）学生3~5人一组，走到大街上，观察部分女士的仪容和妆容并记录下来。分组讨论观察结果，分析路人在仪容方面存在的问题，反思自己仪容方面应注意的问题。

任务评价

实训评价表

评价项目	评价标准	分值	自评分	小组评分	综合得分
面部	干净无污物，鼻毛修整干净，男士胡须刮干净	15			
	妆容自然得体	15			
发型	不染色，无头屑无异味，适合头型要求	15			
	弥补脸型不足	15			
手部	整洁，滋润	15			
	指甲长短合适，指甲油自然	15			
综合表现	礼仪运用恰当，自然得体	10			
总分		100			
努力方向		建议			

任务2 仪表礼仪

任务目标

- 能进行得体的面容修饰。
- 选择适合自己的发型。
- 熟悉各种场合的着装礼仪。
- 熟悉随身必备物品的选择和使用。

任务情境

　　小李的口头表达能力不错，对公司产品的介绍也得体，人既朴实又勤快，老总对他抱有很大期望。可做销售代表半年多了，业绩总上不去。问题出在哪儿呢？后来大家发现他是个不爱修边幅的人，双手拇指和食指喜欢留着长指甲，里面经常藏着很多"东西"。脖子上的白衣领经常是酱黑色，有时候手上还记着电话号码。他喜欢吃大饼卷大葱，吃完后，不知道去除异味。还有客户反映小李说话太快，经常没听懂或没听完客户的意见就着急发表看法，有时说话急促，风风火火的，好像每天都忙忙碌碌的，少有停下来的时候。

任务解析

仪表包括容貌、举止、姿态、风度等。在政务、商务、事务及社交场合，一个人的仪表不但可以体现他的文化修养，也可以反映他的审美趣味。穿着得体，不仅能赢得他人的信赖，给人留下良好的印象，而且还能够提高与人交往的能力。相反，穿着不当，举止不雅，往往会降低了你的身份，损害你的形象。由此可见，仪表是一门艺术，它既要讲究协调、色彩，也要注意场合、身份。同时它又是一种文化的体现。"任务情境"中的小李，因为不注意仪表礼仪，形象邋遢，让人难以接受，进而影响了自己的事业发展。仪表礼仪的操作要点见表2-1、表2-2。

表2-1　男士仪表礼仪的操作要点

操作项目	操作要求	操作标准
面容	整洁大方，口气清新	每天修面剃须，随时保持口气的清新
发型	干净整洁，经常注意修饰、修理	头发不应该过长，前部的头发不要遮住自己的眉毛，侧部的头发不要盖住自己的耳朵，后部的头发，应该不要长过西装衬衫领子的上部
着装	衣着不宜有过多的色彩变化，不超过三种颜色，参加正式、隆重的场合，应穿礼服或西服	穿西服时有"六忌"：一忌西裤过短；二忌衬衫放在西裤外；三忌不扣衬衫纽扣；四忌西服的衣、裤袋内鼓鼓囊囊；五忌领带太短；六忌袜子是白色
必备物品	（1）钢笔	钢笔放在西装内侧的口袋里
	（2）名片夹	选择一个比较好的名片夹
	（3）纸巾	随身携带纸巾，或者一块手绢
	（4）公文包	公文包的式样、大小和整体的着装保持一致

表2-2　女士仪表礼仪的操作要点

操作项目	操作要求	操作标准
着装	穿职业装，着装应平淡朴素	忌过分时髦；忌过分暴露；忌过分正式；忌过分潇洒；忌过分可爱

操作项目	操作要求	操作标准
仪表细节	（1）发型发式	发型发式保持美观、大方
	（2）面部修饰	商务场合面部修饰以淡妆为主
	（3）商务着装	商务着装干净整洁，穿职业套裙
	（4）丝袜和皮鞋	丝袜的长度高于裙子下摆，皮鞋避免鞋跟过高或过细
	（5）饰物避免过于奢华	首饰与整体搭配统一，不同场合选择不同的首饰
	（6）手提包的选择	工作期间选择较大且结实的手提包，参加酒会和宴会选择小巧考究、色彩亮丽的手提包

训练内容

【情境训练】

（1）分组自评互评面容和发型。

（2）学习小组成员相互检查各自的着装以及存在的问题。

（3）结合任务情境，分组讨论小李在仪表方面存在的问题以及对你的启示。

（4）分组展示各自的仪表，包括面容、发型、着装、必备物品，从整体上进行点评并提出建议。

训练手记：

_____。

【案例讨论】

案例1

李丽中专毕业后到某公司做文秘工作。一次在接待客户时，领导让她负责接待一位华侨女士。临分别时，华侨对小李的热情和周到的服务非常满意，留下名片，并认真地说："谢谢！欢迎你到我公司来做客，请代我向你的先生问好。"小李愣住了，因为她根本没有男朋友。可是，那位华侨也没有错，她之所以这么说，是因为看见小李的左手无名指上戴有一枚戒指。

思考：请问误会到底产生于什么地方？

我来说：

_____

_____

_____

_____。

案例2

小刘和几个外国朋友相约周末聚会娱乐，为了表示对朋友的尊重，星期天一大早，小刘就西服革履地打扮好，对照镜子摆正漂亮的领结前去赴约。北京的8月天气酷热，他们来到一家酒店就餐，边吃边聊，大家好不开心！可是不一会儿，小刘已是汗流浃背，不住地用手帕擦汗。饭后，大家到娱乐厅打保龄球，在球场上，小刘不断为朋友鼓掌叫好，在朋友的强烈要求下，小刘勉强站起来整理好服装，当他摆好姿势用力把球投出去时，只听到"嚓"的一声，上衣的袖子扯开了一个大口子，弄得小刘十分尴尬。

思考：案例中的小刘在着装方面出现的问题是什么？

我来说：

_____

_____

_____

_____。

案例3

就要毕业了，杨柳下午要去面试，为了给招聘单位留下好印象，她决定好好打扮一下自己。在寝室忙了半天，最后她选中了一条大花的连衣裙，穿上高跟凉鞋，戴上项链、耳环、手链，还化了妆，她认为这样一定能在外形上取得优势。

思考：

（1）你认为杨柳这样打扮会有助于应聘成功吗？

（2）假如是你，会怎样打扮？

我来说：

_____

_____

_____

_____　。

一、男士仪表礼仪

（一）面容礼仪

应养成每天修面剃须的良好习惯。实在要蓄须的话，也要考虑工作是否允许，并且要经常修剪，保持卫生，不管是留络腮胡还是小胡子，整洁大方是最重要的。男士在商务活动中经常会接触到香烟、酒这样有刺激性气味的物品，要注意随时保持口气的清新。

（二）发型礼仪

男士发型发式的统一标准就是干净整洁，并且要经常注意修饰、修理，头发不应该过长，一般认为男士前部的头发不要遮住自己的眉毛，侧部的头发不要盖住自己的耳朵，同时不要留过厚，或者过长的鬓角，男士后部的头发，应该不要长过西装衬衫领子的上部。

（三）着装礼仪

男士的穿着不求华丽、鲜艳，衣着不宜有过多的色彩变化，一般以不超过三种颜色为原则。平时，穿便装也是比较不错的选择，但是参加正式、隆重的场合，则应穿礼服或西服。西服被认为是男士的脸面，体现着男人的成熟与自信。穿西服时有"六忌"需注意：一忌西裤过短（标准长度为裤长盖住皮鞋）；二忌衬衫放在西裤外；三忌不扣衬衫纽扣；四忌西服的衣、裤袋内鼓鼓囊囊；五忌领带太短（一般长度应为领带尖盖住皮带扣）；六忌袜子是白色（要与裤子和鞋的颜色协调）。

（四）男士商务活动必备物品礼仪

1. 钢笔

商务活动经常要使用钢笔，钢笔正确的携带位置应该是男士西装内侧的口袋里，而不应该在男士西装的外侧口袋里，一般情况下尽量避免把它携带在衬衫的口袋里面，避免弄脏衬衫。

2. 名片夹

应该选择一个合适的名片夹来放名片，既可以保持个人名片的清洁整齐；接受他人名片的时候，也可以有一个妥善的位置保存，避免直接把对方的名片放在口袋中，或者放在手中，因为这都是失礼的习惯。

3. 纸巾

男士应该随身携带纸巾，或者是携带一块手绢，可以随时进行必要的清洁，避免一些尴尬场面的出现。

4. 公文包

男士在选择公文包的时候，式样、大小应该和整体的着装保持一致。一般男士的一些物品，像手机、笔记本、笔可以放在公文包当中，男士在着西装的时候，应该尽量避免口袋中携带很多的物品，避免衣服显得臃肿，不适合商务场合。

二、女士仪表礼仪

（一）常见问题

1. 过分时髦型

现代女性热爱流行的时装是很正常的现象，但盲目追求时髦则是不明智的选择。一个成功的职业女性对于流行的选择必须有正确的判断力，同时要切记：在办公室里重要的是表现工作能力而非赶时髦的能力。

2. 过分暴露型

夏天的时候，许多职业女性不够注重自己的身份，穿起很性感的服装，这样才能和智慧有可能被别人忽视并留下轻浮的印象。因此，再热的天气，仪表都要整洁、大方。

3. 过分正式型

这个现象也很常见，主要原因可能是没有合适的服装。职业女性的着装应平淡朴素。

4. 过分潇洒型

最典型的样子就是一件随随便便的T恤或罩衫，配上一条泛白的"破"牛仔裤，丝毫不顾及办公室的原则和体制。这样的穿着可以说是非常不合适。

5. 过分可爱型

在服装市场上有许多可爱俏丽的款式，也不适合工作中穿着。这样会给人轻浮、不稳重的感觉。

（二）仪表细节

1. 发型

女士的发型发式应该保持美观、大方，需要特别注意的一点是，女士选择发卡、发带的式样应该庄重大方。

2. 化妆

女士在正式的商务场合面部修饰应该以淡妆为主，不应该浓妆艳抹，也不应该一点妆也不化。

3. 着装

女士商务着装时，需要注意的细节是：干净整洁。女士在着装的时候需要严格区分女士的职业套装、晚礼服及休闲服。着正式商务套装时，无领、无袖、太紧身或者领口开得太低的衣服应该尽量避免。衣服的款式要尽量合身。

4. 鞋袜

女士在选择丝袜以及皮鞋的时候，需要注意的细节是：丝袜的长度一定要高于裙子的下摆。皮鞋应该尽量避免鞋跟过高或过细。

5. 饰品

女士选择佩戴饰品需要注意的是：商务礼仪的目的是为了体现出对他人的尊重。修饰物如戒指，尽量避免过于奢华，与自己的手型相配，戴在适当的手指上。佩戴首饰的关键是要与整体搭配统一，不同场合选择不同的首饰，休闲类首饰质地一般为木质、骨质、塑料、贝壳、陶瓷等；晚妆类首饰的材质一般采用金属，如金、银、钻石等富有光泽的东西；穿职业装时，可佩戴款式简单、颜色素净和不会发出声响的首饰；参加酒会或者晚宴一定要选择闪亮有质感的首饰，但不宜佩戴过多。

6. 手提包

工作期间，应选择较大而且结实的手提包，用于放置文件和物品；参加酒会和宴会，应选择小巧考究、色彩亮丽的手提包，里面只放少量的化妆品、钥匙、钱等物品；女士手提包应套在手上，不要拎在手里摆来摆去。

拓展训练

分小组创设场景，展示职业和社交两种场合的仪表礼仪，注意发型、面容、着装、配饰等方面的和谐统一。将每个场景的表演进行录像，然后播放，小组互评，优秀小组上台分享技巧和经验。

实训评价表

评价项目	评价标准	分值	自评分	小组评分	综合得分
面容	整洁大方，口气清新，妆容自然得体	30			
发型	男士发型干净整洁，前不覆额，侧不掩耳，后不及领	20			
	女士发型美观大方，长发盘起，刘海不遮眉				
着装	穿着美观合体、端庄得体、符合场合要求	20			
必备物品	使用得当，与着装协调	20			
综合表现	以上礼仪运用恰当，自然得体	10			
总分		100			
努力方向		建议			

任务3 仪态礼仪

任务目标

- 坐、立、走姿得体，符合礼仪要求。
- 蹲姿得体，熟练运用各种手势。
- 恰当运用眼神、微笑礼仪。
- 综合运用坐、立、走、蹲姿、手势、眼神和微笑的礼仪标准，能够表现出良好的仪态。

任务情境

　　美味达公司吸引了不少客户要加盟。一天上午，张茜接待了3个准备创业的大学生。洽谈时，三位年轻人一进入办公室，张茜就热情地请他们入座。当她回到办公桌前，抬头一看，其中两位年轻人坐在沙发上，一个架起二郎腿，而且两腿不停地抖动，另一个身子松懈地斜靠在沙发一角，两手攥着手指咯咯作响，只有第三个小伙子端坐在椅子上面，面带微笑注视着张茜。

简单交谈了一会儿后，张茜起身非常客气地对两位坐在沙发上的年轻人说："对不起，你们二位先请回，等我们电话联系吧。"两位年轻人四目相对，不知何故。

 任务解析

仪态是一个人思想感情和文化修养的外在体现。一个品行端庄、富有涵养的人，其举止必然优雅。在人际交往中，我们必须留意自己的形象，讲究仪态礼仪。

"任务情境"中两位年轻人因不良仪态错失了创业机会。在交际活动中，优雅得体的仪态是非常重要的。我们应该认真思考以下问题：怎样坐、立、行、蹲才能优雅得体？不同场合有哪些不同的手势？交际中怎样的眼神、微笑更容易让对方接受？通过对以上问题的学习和灵活运用，才能形成优雅的仪态。仪态礼仪的操作要点见表3-1、表3-2、表3-3。

表3-1　仪态礼仪的操作要点

操作项目	操作内容	操作标准
坐姿	标准的坐姿	入座时要轻、稳、缓，走到座位前转身，右脚后退半步，然后轻轻坐下，左脚跟上；坐下后上身直正，头正目平，嘴唇微闭，下颌微收，面容平和自然，两臂自然弯曲，放在腿上。男子两膝间距离以一拳为宜，女子则双膝并拢。交谈时，将上体双膝侧转向交谈者，上身仍保持挺直
坐姿	不同场合的坐姿	轻松、随意的场合，可以坐得比较舒展、自由；严肃的场合，适合正襟危坐；女士在社交场合，可以采用略侧向的坐法；倾听他人教导、指示时，坐在座椅的前半部或边缘，身体稍向前倾
站姿	标准的站姿	面带微笑，双目平视，目光柔和有神；脖子伸直，头向上顶，下腭略回收；挺胸收腹，略收臀；双肩后张下沉，两臂于裤缝两侧自然下垂，手指自然弯曲，或双手轻松自然地在体前交叉相握；女性站立时，脚跟相靠，两脚平行或脚尖分开呈"V"形；男性站立时，双脚可略微分开
	不同场合的站姿	非正式场合，双脚可并拢，也可以一前一后；着礼服或旗袍时，双脚之间前后距离约5厘米，以一只脚为重心；向人问候或作介绍时，两脚并拢，重心应当在中间，膝盖要挺直

操作项目	操作内容	操作标准
走姿	标准走姿	方向明确，步幅适中，速度均匀，重心放准，身体协调，体态优美
	不同场合的走姿	男士穿西装步幅可略大；女士穿旗袍走"柳叶步"；与人告辞采用后退法；狭窄处相遇采用侧行步

表3-2 蹲姿和手势礼仪的操作要点

操作项目	操作内容	操作标准
蹲姿	交叉式蹲姿	下蹲时，右脚在前左脚在后，右小腿垂直地面，全脚着地；右腿在上左腿在下交叉重叠；左膝从后下方伸向右侧，左脚跟抬起脚尖着地；两腿前后靠紧，合力支撑身体；上身微向前倾，臀部向下
	高低式蹲姿	下蹲时，右脚在前左脚在后；右脚完全着地，左脚脚跟提起，左膝低于右膝，左腿内侧可靠于右小腿内侧，形成右膝高左膝低姿势；臀部向下，上身微前倾，左腿支撑身体，女士双腿靠紧，男士稍微分开
	半跪式蹲姿	双腿一蹲一跪，下蹲后，一条腿单膝着地，臀部顺势坐在脚后跟上，脚尖着地，另外一条腿全脚着地，小腿与地面保持垂直；双膝同时向外用力，而双腿则尽量靠拢
手势	递接物品	双手为宜，递到手中，主动向前，方便接拿
	引领手势	掌心向上，四指并拢，大拇指微张开，以肘关节为轴，前臂自然上抬伸直；指示方向时，上身稍前倾，面带微笑，以指尖方向表示前行方向，眼睛目视目标方向，待客人明白后再前行。请客人进入房间时，也用此手势，微笑友好地目视来宾，直到客人走过，再放下手臂
坐姿	请坐手势	一只手摆动到腰位线上，使手和手臂向下形成一条斜线
	再见手势	身体站直，目视对方，手臂前伸，掌心朝外，左右挥动
	介绍手势	手指自然并拢，掌心向上，指示目标，忌用手指来指点
	鼓掌手势	抬起左手手掌至胸前，掌心向上，以右手除拇指外的其他四指轻拍左手中部，节奏要平稳，频率要一致

表3-3　眼神和微笑礼仪的操作要点

操作项目	操作要求	操作标准
眼神	（1）注视的时间	（1）目光柔和 （2）与别人谈话时眼睛的注视时间要占谈话时间的2/3
	（2）注视的部位	（1）社交场合注视对方双眼上线和唇中点构成的三角区域 （2）商务场合注视对方双眼底线和前额构成的三角区域 （3）亲密场合注视对方双眼到胸部之间
	（3）注视的角度	目光柔和，平视
微笑	（1）注意整体配合 （2）注意力求表里如一 （3）注意兼顾场合	（1）嘴角微微向上翘起，让嘴唇略呈弧形 （2）不牵动鼻子 （3）不发出笑声

训练内容

【情境训练】

（1）分组讨论"任务情境"中三位年轻人在洽谈时的仪态举止。

（2）运用网络搜索相关仪态视频，初步感知正确的站、坐、行、蹲、鞠躬、手势等礼仪。

（3）在形体训练室里贴墙站立，头顶书，两腿间夹书，配合音乐练习站姿。然后分组上台表演站姿，大家共同评选出男女各若干名最优雅站姿学生。

（4）练习在高低不同的椅子、沙发，不同交谈气氛下的各种坐姿。同学之间互评，选出代表总结。

（5）全班站成两列，伴随音乐练习走姿。

（6）分组练习，从地上捡起笔、书或从低处取物，练习蹲姿，同学之间互评，选出代表总结。

（7）分组练习，进行递接物品、引领来宾、请进、请坐、介绍、再见、鼓掌等手势练习，同学之间互评，选出代表总结。

（8）每人准备一面小镜子，面对镜子练习微笑，推选出若干名微笑最甜美的同学，并请他们上台展示。

（9）眼部动作训练：分别练习眼球转动方向、眼睛眨动速度快慢、目光集中等内容。同学间相互学习、点评，表现优秀的同学与大家分享练习技巧。

（10）模拟"任务情境"中完整的面谈过程，重点练习坐姿礼仪、眼神和微笑礼仪。学生互评，选出代表点评。

训练手记：

_____。

【案例讨论】

案例1

公司招聘文秘人员，待遇优厚，应聘者很多。中文系毕业的小张同学前往面试，一进门，她就快步走到一位考官面前，不请自坐，随后跷起了二郎腿，从左到右把考官们打量了一圈，然后目不转睛地盯着中间一位考官，等着问话。三位考官互相交换了一下眼色，主考官说："张小姐，请回去等通知吧。"小张一脸疑惑："考官，您还没面试呢？"

思考：你觉得小张会被录用吗？为什么？

我来说：

_____

_____

_____

_____。

案例2

一位美国的工程师被派往德国分公司，他要和一位德国工程师在一部机器上工作。这位美国工程师提出改善新机器的建议，德国工程师表示同意并问美国工程师自己的做法是否正确，美国工程师用美式"OK"手势给以回答。德国工程师放下工具就走开了，并拒绝和这位美国工程师进一步交流。后来这个美国人从他的一位主管那里了解到这个手势对德国人意味着"你是个屁眼儿"。

思考：

（1）"OK"手势具有什么含义？

（2）怎样避免案例中情况的发生？

我来说：

_____

_____

_____

_____。

案例3

有一个夏日，我乘坐从上海飞往海口的航班去旅行。飞机起飞不久，空姐给乘客分发饮料。一个平时爱捣蛋的同事接连要了三听啤酒，每次他都要故意想出些不同的办法戏弄空姐。他的理由是别人把空姐的服务态度说得很好，今天要亲自见证空姐的服务态度到底有多好。第一次就在他即将接过空姐递送来的纸杯时，故意松手，使纸杯掉在过道，然后装出受惊的样子。由于空中气流变化，飞机微微有点颠簸，空姐先是微笑，然后鞠躬，说："对不起，让你受惊了。"第二次，他接过空姐的饮料，喝了一半说："太甜了，换一杯不甜的！"空姐微笑说："稍等，马上好！"说完很快给他倒了一杯纯净水。过了一会儿空姐给其他乘客送好饮料后走了过来，主动问他："先生，请问您还有什么需要？"他说拿啤酒来，很快空姐给他送来啤酒，不料同事故意将酒洒在自己的衣服上，然后责怪空姐动作粗心、不细致。说完脸上涌起洋洋得意的神情，看空姐怎样收场。

坐在他旁边的我，原本以为空姐会因此流露出不满的情绪，没想到空姐不怒不气，微笑着说："对不起先生，是我的不对，今后我将努力改正，请您多多包涵并请您多提宝贵意见。"空姐笑颜如花，没有一丝做作，也看不出一点虚伪。同事哑口无言，自惭形秽。身边的我心里却涌起一股说不出的感动，我在想，如果我是空姐，面对这样无理的乘客，我能做到始终微笑不怨怒吗？

思考：

（1）微笑有什么作用？

（2）微笑应注意什么？

（3）本案例给你什么启示？

我来说：

_____

_____

_____

_____。

一、坐、站、走礼仪

（一）坐姿礼仪

正确而优雅的坐姿要求端庄而优美，给人以文雅、稳重、自然大方的美感。坐姿要求"坐如钟"，要求上体端直。

1. 标准的坐姿（图3-1、图3-2）

图3-1

图3-2

（1）入座时要轻、稳、缓。走到座位前，背对椅子轻稳坐下。女子入座时，若是裙装，应用手将裙子稍拢一下，不要坐下后再拉拽衣裙，那样不优雅。正式场合一般从椅子的左边入座，离座时也要从椅子左边离开，这是一种礼貌。女士入座尤要娴雅、文静、柔美。如果椅子位置不合适，需要挪动椅子的位置，应当先把椅子移至欲就座处，然后入座。而坐在椅子上移动位置，是有违社交礼仪的。

（2）神态从容自如，嘴唇微闭，下颌微收，面容平和自然。

（3）双肩平正放松，两臂自然弯曲放在腿上，以自然得体为宜，掌心向下。

（4）坐在椅子上，要立腰、挺胸，上体自然挺直。

（5）双膝自然并拢，双腿正放或侧放，双脚并拢或交叠或成小"V"字形。男士两膝间可分开一拳左右的距离，双脚可取小八字步或稍分开以显自然洒脱之美，但不可尽情打开腿脚，那样会显得粗俗和傲慢。

（6）坐在椅子上，一般应坐椅子的2/3，宽座沙发则坐1/2。落座后至少10分钟左右时间不要靠椅背。时间久了，可轻靠椅背。

（7）谈话时应根据交谈者方位，将上体双膝侧转向交谈者，上身仍保持挺直，不要出现自卑、恭维、讨好的姿态。讲究礼仪要尊重别人但不能失去自尊。

（8）离座时要自然稳当，右脚向后收半步，而后站起。

2.不同场合的坐姿

（1）在比较轻松、随意的场合，可以坐得比较舒展、自由。

（2）谈话、谈判、会谈时，场合一般比较严肃，适合正襟危坐。要求上体正直，臀尖落座在椅子的中部，双手放在桌上，或者将一只手放在椅子扶手上。脚可以并拢，也可以小腿前后相错或左右相掀。

（3）女士在社交场合，为了使坐姿更优美，可以采用略侧向的坐法，头和身子朝向对方，双膝并拢，两脚相并、相掀、一前一后都可以。在落座时，应把裙子后片向前拢一下，以免不雅。

（4）倾听他人教导、指示时，对方是尊者、贵客，坐姿除了要端正外，还应坐在座椅的前半部或边缘，身体稍向前倾，对对方表现出一种积极、重视的态度。

3.坐姿禁忌

（1）不要坐满椅子。

（2）女士的膝盖忌分开，要并紧；男士的膝部可以略微分开，切忌两膝盖距离太大。

（3）切忌脚尖朝天。

（4）不可抖脚。

（二）站姿礼仪

男士要求"站如松"，刚毅洒脱；女士则应秀雅优美，亭亭玉立。

1.标准的站姿（图3-3、图3-4、图3-5、图3-6、图3-7）

图3-3　　　　　　　　　图3-4　　　　　　　　　图3-5

图3-6　　　　　　　　　　　　图3-7

（1）精神饱满，面带微笑，双目平视，目光柔和有神，自然亲切。

（2）站立时，身体舒展直立，重心线穿过脊柱，落在两腿中间，足弓稍偏前处，并尽量上提。

（3）脖子伸直，头向上顶，下颚略回收。

（4）挺胸收腹，略微收臀。

（5）双肩后张下沉，两臂于裤缝两侧自然下垂，手指自然弯曲，或双手轻松自然地在体前交叉相握。

（6）两腿肌肉收紧直立，膝部放松。

（7）女性站立时，脚跟相靠，两脚平行或脚尖分开呈"V"形；男性站立时，双脚可略微分开，但不能超过肩宽。

2. 不同场合的站姿

（1）在非正式场合，双脚的姿势为避免呆板，可做灵活变动。既可以选择并拢，也可以一前一后，自然成形，肌肉放松，仍然要保持身体的挺直。

（2）女士着礼服或旗袍站立时，双脚之间前后距离约5厘米，以一只脚为重心。

（3）向人问候或作介绍时，不论握手或鞠躬，两脚并拢，重心应当在中间，膝盖要挺直。

3. 几种常见的站姿

（1）肃立　身体立直，双手置于身体两侧，双腿自然并拢，脚跟靠紧，脚掌分开呈"V"字形；面部表情严肃、庄重、自然。升降国旗等庄重严肃的场合应该用肃立站姿。

（2）直立　身体立直，右手搭在左手上，自然贴在腹部（前搭手势），或两手背后相搭在臀部（后背手势），两腿并拢，脚跟靠紧，脚掌分开呈"V"字形（男女都适用，男士两脚可以略分开站立更显洒脱）。

女士与男士，直立站姿应有区别。对于女士而言，身体立直，右手搭在左手上，自然贴在腹部，右脚略向前靠在左脚上成"丁"字步；对于男士而言，身体立直，两手背后相搭，贴在臀部，两腿分开，两脚平行，比肩宽略窄些。正确健美的站姿会给人以挺拔笔直、舒展俊美、庄重大方、精力充沛、信心十足、积极向上的印象。

4.站姿禁忌

（1）站立的时候，用手指绕衣角、摆弄发梢、兰花指等小动作往往会传递一些不利于个人的形象信息，显得小气、拘谨、做作，没有修养。

（2）双手抱胸会显得傲慢、不易亲近。

（3）听别人说话时双脚交叉站立，传递给别人的信息是你对讲话人或讲话人所谈及的事情持有一种排斥和审视的态度，或者你感到不安和紧张。

（4）站姿忌过于随便，以免让人误解你是个随便之人。懒散地倚门（或其他物体）、塌腰、伸脖、两腿开立距离过大，双臂交叉或双手叉腰等，都是破坏优雅形象的"杀手"。

（三）走姿礼仪

1.标准走姿

走姿的三个要点——从容、平稳、直线。

（1）身体直立、收腹直腰、两眼平视前方。

（2）双臂放松，在身体两侧自然摆动。

（3）脚尖微向外或向正前方伸出，跨步均匀，两脚之间相距约一只脚到一只半脚的距离，步伐稳健，步履自然，要有节奏感。

（4）起步时，身体微向前倾，身体重心落于前脚掌，行走中身体的重心要随着移动的脚步不断向前过渡，而不要让重心停留在后脚，并注意在前脚着地和后脚离地时伸直膝部。

（5）步幅的大小应根据身高、着装与场合的不同而有所调整。女性在穿裙装、旗袍或高跟鞋时，步幅应小一些；穿休闲长裤时，步伐可以大些，凸显靓丽与活泼。

2.不同场合的走姿

（1）男士着西装行走时，要注意保持挺拔之感，后背平正，两腿立直，走路的步幅可略大一些。

（2）女士穿旗袍就要走出女性柔美的风韵，要身体挺拔，胸微含，下颌微收，走路时步幅不宜过大，两脚跟前后要走在一条直线上，脚尖稍外开，成"柳叶步"。

（3）在与人告辞时，为了表示对在场的其他人的敬意，在离去时，可采用后退法。

（4）在楼道、走廊等道路狭窄处为了表示对他人"礼让三分"，应当采用侧行步。

3.走姿禁忌

（1）忌内八或外八字步，忌步子太大或太小，都给人一种不雅观的感觉。

（2）忌弯腰驼背，歪肩晃膀，扭腰摆臀，让人觉得轻佻，缺少教养。

（3）忌双手反背于背后，这会给人以傲慢、呆板之感。

（4）忌行走时脚蹭地面、双手插在裤兜、吸烟、吃东西、吹口哨、整理衣服等。

（5）遇到十分紧迫的事，忌慌张奔跑，可加快步伐。

二、蹲姿与手势礼仪

（一）蹲姿礼仪

1.标准蹲姿

（1）下蹲拾物时，应自然、得体、大方，不遮遮掩掩的。

（2）下蹲时，两腿合力支撑身体，避免滑倒。

（3）下蹲时，应使头、胸、膝关节在一个角度上，保持蹲姿优美。

（4）女士无论采用哪种蹲姿，都要将腿靠紧，臀部向下。

2.蹲姿实例

（1）交叉式蹲姿（图3-8） 女士采用交叉式蹲姿时，右脚在前，左脚在后，右小腿垂直于地面，全脚着地。左膝由后面伸向右侧，左脚跟抬起，脚尖着地。两腿靠紧，合力支撑身体。臀部向下，上身稍前倾。

（2）高低式蹲姿（图3-9、图3-10） 女性下蹲时（图3-10）右脚在前，左脚稍后，两腿靠紧向下蹲。右脚全脚着地，小腿基本垂直于地面，左脚脚跟提起，前脚掌着地。左膝低于右膝，左膝内侧靠于右小腿内侧，形成右膝高左膝低的姿态，臀部向下，基本上以左腿支撑身体，女士双腿应尽量靠紧；男士左右脚动作（如图3-9）和女性正好相反，男士双腿应稍微分开（双腿可交换位置）。

图3-8

图3-9

图3-10

图3-11

（3）半跪式蹲姿（图3-11） 适合下蹲时间较长的女性，双腿一蹲一跪。下蹲后，一条腿单膝着地，臀部顺势坐在脚后跟上，脚尖着地；另外一条腿全脚着地，小腿与地面保持垂直；双膝同时向外用力，而双腿则尽量靠拢。

不管何种蹲姿，都要迅速、美观、大方。若用右手捡东西，可以先走到东西的左边，右脚向后退半步后再蹲下来。脊背保持挺直，臀部一定要蹲下来，避免弯腰翘臀的姿势。男士两腿间可留有适当的缝隙，女士则要两腿并紧，穿旗袍或短裙时需更加留意，以免尴尬。

3.蹲姿禁忌

（1）两腿叉开，臀部向后撅起，或者两腿开立平行下蹲。

（2）下蹲时注意内衣"不可以露，不可以透"。

（二）手势礼仪

手势从古至今都是一种重要的肢体语言，可以帮助我们更好地表达讲话的含义，向听者传达信息。恰当的手势还可以提升个人形象、增添个性魅力。

1.常用的文明手势语

掌心向上可以表现出你对他人的尊重以及诚恳的合作欲望；反之，则表示你只是草率应付，缺乏真诚。紧握拳头则表示你在隐忍、愤怒或是有进攻与自卫的意向。

鼓掌表示欣赏与赞扬。与他人相处时，如果你向对方伸出拇指，是表示夸奖；倘若伸出小指，则是一种贬低；更甚者伸出中指，则有侮辱的意思。值得注意的是，优雅的女人切莫伸中指，否则会让你的魅力大打折扣。

用手指指点是降低自身魅力的动作，它含有教训人的意思。优雅的女人就算在给别人指路时，也要注意这一点。正确的姿势是：以肘关节为点，手指自然并拢，掌心向上，指向目标。

2.手势实例

（1）递接物品（图3-12）　双手为宜，不方便双手并用时，也要采用右手，左手递接通常视为无礼；将有文字的物品递交他人时，应使文字的正面正对对方；将带尖、带刃或其他易于伤人的物品递于他人时，切勿以尖、刃直指对方。

（2）引领手势（图3-13）　引领宾客时，应走在客人左前方1~2步，手指自然并拢，在同一平面上，指示前方，眼睛兼顾方向和来宾。请客人进入房间时，也用此手势，微笑友好地目视来宾，直到客人走过，再放下手臂。

（3）请坐手势（图3-14）　用一只手摆动到腰位线上，使手和手臂向下形成一条斜线，表示请入座。

图3-12　　　　　　　　　图3-13　　　　　　　　　图3-14

（4）介绍手势（图3-15）　介绍某人或某物时，手指自然并拢，掌心向上，指示目标，忌用手指来指点。

（5）再见手势（图3-16）　与宾客再见时，应用右手，手指自然并拢，掌心面对客人，手指与耳部平齐，左右摆动。

（6）鼓掌手势（图3-17）　标准动作是面带微笑，抬起两臂，抬起左手手掌至胸前，掌心向上，以右手除拇指外的其他四指轻拍左手中部，节奏要平稳，频率要一致。

图3-15　　　　　　　　　图3-16　　　　　　　　　图3-17

3. 中外手势的差异

在用手势表示数字的时候，中国人会伸出食指表示"1"，欧美人则伸出大拇指表示"1"；中国人伸出食指和中指表示"2"，欧美人伸出大拇指和食指表示"2"，并依次伸出中指、无名指和小拇指表示"3""4""5"。中国人用一只手的5个指头还可以表示6~10的数字，而欧美人表示6~10要用两只手，如展开一只手的五指，再加另一只手的拇指为"6"，以此类推。在中国伸出食指指节前屈表示"9"，日本人却用这个手势表示"偷窃"。中国人表示"10"的手势是将右手握成拳头，在英美等国则表示"祝好运"，或示意与某人的关系密切。

在美国，伸出一只手，将食指和大拇指搭成圆圈，美国人用这个手势表示"OK"，是"赞扬和允诺"之意；而在印度，表示"正确"；在泰国，表示"没问题"；在日本、缅甸、韩国，表示"金钱"；在法国，表示"微不足道"或"一钱不值"；斯里兰卡的佛教徒用右手做同样的姿势，放在颌下胸前，同时微微欠身颔首，以此表示希望对方"多多保重"；在巴西、希腊和意大利的撒丁岛，表示这是一种令人厌恶的污秽手势；在马耳他，则是一句无声而恶毒的骂人语。

中国人表示赞赏之意，常竖起大拇指，其余四指蜷曲；竖起小拇指则表示蔑视。日本人则用大拇指表示"老爷子"，用小拇指表示"情人"。在英国，竖起大拇指是拦路要求搭车的意思。在英美等国，以"V"字形手势表示"胜利""成功"；在亚非国家，"V"字形手势一般表示两件事或两个东西。

在欧洲，人们相遇时习惯用手打招呼。正规的方式是伸出胳膊，手心向外，用手指上下摆动。美国人打招呼是整只手摆动。如果在欧洲，整只手摆动表示"不"或"没有"之意。在希腊，一个人摆动整只手就是对旁人的污辱，那将会造成不必要的麻烦。

总之，我们在与不同的国家、地区、民族的人交往时，需要懂得他们的手势语言，这样才能避免闹笑话，造成误解。

三、眼神礼仪

"眼睛是心灵的窗户"，注视的时间、注视的范围、视线的角度，都能表现出你的礼仪分值。

（一）注视的时间

一般来说，当与别人谈话30分钟时，如果看对方的时间不足10分钟，表达的是轻视对方；如果达到10~20分钟，表达了友好的意思；20~30分钟说明两种情况：一是表示重视，二是表示敌视。也就是说，与别人谈话时眼睛的注视时间要占谈话时间的2/3。

（二）注视的范围

当注视对方双眼底线和前额构成的三角区域，反映出严肃、诚恳的心态，在洽谈、磋商、谈判等正式场合用，对方会感到有诚意。

当注视对方双眼上线和唇中点构成的三角区域，一般反映出随和、亲切的心态，会营造出一种社交气氛，让人感到轻松自然。这种凝视主要用于茶话会、舞会及各种类型的友谊聚会。

当注视的对象是亲人之间、恋人之间、家庭成员时，凝视的位置在对方双眼到胸部之间。

（三）注视的角度

平视，表示平等；斜视，表示失礼；俯视，表示轻视别人。

正确的做法是：当与人交谈时，目光应正视对方的眼、鼻、口三角区，以示尊重；当对方沉默不语时，就不要盯着对方，以免加剧他不安的尴尬局面。在整个交流过程中，还要注意不要使用向上看的目光，因为这种目光会给人一种目中无人、骄傲自大的感觉；当然更不能有东张西望的目光，给人以缺乏修养、不懂得尊重别人的印象。

四、微笑礼仪

日常人际交往中，最能迅速传递给对方信息的，是面部表情。微笑，是一种令人感觉愉快的面部表情，展示诚意，象征着友善，会立刻缩短与对方的心理距离，为沟通和交往营造出和谐氛围。英国诗人雪莱说："微笑，实在是仁爱的象征，快乐的源泉，亲近别人的媒介。有了微笑，人类的感情就沟通了。"

（一）基本要求

（1）口眼结合。

（2）与神、情、气质相结合。

（3）与语言相结合。

（4）与仪表、举止相结合。

（二）微笑程度

（1）含笑　不出声，不露齿，嘴角的两端略向上翘起，眼神中有笑意，表示接受对方，待人友善，适用范围较为广泛。

（2）微笑　嘴唇轻启，露出上齿，不发出声响，表示欣喜愉快，多用于会见客户、打招呼等情况。

（3）大笑　大笑时眼睛变小，嘴巴张开。人们往往比较欣赏男士的开怀大笑，而女士在大笑时应用手略遮掩一下嘴部。

（三）社交场合微笑的忌讳

（1）假笑。

（2）冷笑。

（3）怪笑。

（4）媚笑。

（5）怯笑。

（6）窃笑。

拓展训练

分小组创设以下场景：几位客户来公司拜访，接待人员热情迎接，引领参观，然后去会议室座谈。展示各种仪态礼仪，注意站姿、坐姿、走姿、手势等与眼神、微笑的和谐统一。将每组的表演进行录像，然后播放，小组互评，优秀组上台分享技巧和经验。

任务评价

实训评价表

评价项目	评价标准	分值	自评分	小组评分	综合得分
坐姿	身体各部位姿态正确（标准坐姿）	5			
	不同场合的坐姿	5			

评价项目	评价标准	分值	自评分	小组评分	综合得分
站姿	身体各部位姿态正确（标准站姿）	5			
	不同场合的站姿	5			
走姿	身体各部位姿态正确（标准走姿）	5			
	不同场合的走姿	5			
蹲姿	身体各部位姿态正确（标准蹲姿）	5			
	三种蹲姿	5			
手势	引领手势	5			
	递接物品	5			
	请坐手势	5			
	介绍手势	5			
	再见手势	5			
	鼓掌手势	5			
微笑	根据场合要求恰当展示笑容	5			
	自然大方	5			
眼神	眼神的运用符合交际要求	10			
综合表现	礼仪综合运用恰当，大方得体	10			
总分		100			
努力方向		建议			

任务4 服饰礼仪

任务目标

● 熟悉着装的原则和选择标准。

● 男士能正确地穿着西服并熟练地系领带。

● 女士能正确地穿着西装套裙。

● 各种配饰使用得体。

● 结合个人情况选择适合自己的着装风格，能根据场合得体着装并提高着装的审美能力。

 任务情境

朱英是美味达公司市场部新来的员工。她的专业能力不错，工作认真，待人热情，性格活泼。可是聊起她来，很多同事都难以认同朱英的各类前卫时尚打扮和做派。朱英平时上班总是斜背个大坤包，走起路来风风火火的，嘴里不停地嚼着口香糖。今天是露背装，明天是低胸吊带，后天又来个低腰裤，冷不丁穿个凉拖，染个黄头发，涂个暗色唇膏。

任务解析

　　服饰是人体的外延，包括衣、帽、鞋、袜以及手表、戒指、耳环等饰物。它是一种无声的语言，显示着一个人的社会地位、文化品位、艺术修养以及待人处世的态度。穿着得体不仅可以显示一个人良好的文化修养，高雅的审美情趣，还能给人留下良好的印象，赢得他人的信赖，使社交获得成功。服饰要与场合、社会角色等协调。"任务情境"中的朱英在着装方面不得体，得不到领导和同事的认可，很可能影响事业的进一步发展。服饰礼仪的操作要点见表4-1、表4-2。

表4-1　男士西装礼仪的操作要点

操作项目	操作要求	操作标准
男士西装的穿着	（1）西装的外套必须合体	（1）领子紧贴后颈部 （2）衬衫领子应露出西装上衣领子约半寸 （3）衬衫袖口应长出外衣袖口约半寸
	（2）西裤要合体	裤线笔直，穿好西裤后，裤脚下沿正好触及地面
	（3）衬衫要合适	最正式的是白色无花纹衬衫
	（4）领带与西装相协调	西装与领带的色调可以对比，也可以互补，但西装和领带的花纹不能重复
	（5）鞋与袜要与西装相配	（1）只宜穿黑色或深咖啡色皮鞋 （2）袜子宜选择黑色、棕色或藏青色，颜色与长裤相配或相近 （3）袜筒要长，跷腿时不能露出袜

表4-2　女士套装礼仪的操作要点

操作项目	操作要求	操作标准
女士套裙的穿着	（1）上衣与裙子选择要适当	（1）上衣和裙子要同一款面料 （2）套裙的面料以素色、无光泽为好 （3）上衣必须有袖，裙子长度应到膝盖
	（2）衬衫与内衣的选择	（1）衬衫颜色以白色为主 （2）内衣柔软贴身，穿上后不能从套装上显示出其轮廓

操作项目	操作要求	操作标准
女士套裙的穿着	（3）衬裙的选择	穿丝、棉、麻等薄面料的套装时应穿浅色或与裙子同色的衬裙
	（4）鞋袜要与套裙相配	（1）穿套裙不能穿凉鞋，应穿高跟、半高跟的船型鞋 （2）丝袜最好是连裤袜，肉色最佳

训练内容

【情境训练】

（1）运用网络搜索有关视频，在观看基础上小组讨论，整体感知男士西装和女士职业套装的穿着技巧，了解服饰礼仪。

（2）男生分组，分别上台展示西装、衬衫、裤子、鞋袜的搭配，说明这些搭配的理由；然后表演系领带，用数码相机记录整个过程，通过视频回放，学生评价交流，总结存在的个性和共性问题，并评选出若干名"最佳服饰先生"。

（3）女生分组，分别上台展示套裙、衬衫、鞋袜、饰物的搭配，说明这些搭配的理由。用数码相机记录整个过程，然后视频回放，学生评价交流，讨论总结存在的个性和共性问题，并评选出若干名"最佳服饰女士"。

训练手记：

_____。

【案例讨论】

案例1

郑伟是一家国有企业的销售经理。有一次，他获悉一家外省企业的销售经理正在本市进行产品推广活动，并寻求合作伙伴。他与对方电话联系后，了解到对方也有兴趣同他的企业进行合作。双方会面的那一天，郑伟根据自己对时尚的理解认真做了修饰：上穿夹克衫，下穿牛仔裤，足蹬名牌皮鞋。他希望自己能给对方留下精明强干、年轻朝气的印象。

　　然而事与愿违，郑伟自我感觉良好的时髦"行头"，让对方放弃了合作的打算。

　　思考：郑伟的问题出在哪里？你会从哪些方面注意着装的礼仪？

　　我来说：

_____

_____

_____

_____。

案例2

　　一位女推销员在美国北部工作，习惯穿深色套装，提一个男性化的公文包。后来她调到阳光普照的南加州，她仍然以同样的装束去推销商品，业绩很不理想。她改穿色彩淡的套装和洋装，换一个女性化一点的皮包，着装的变化，让她的业绩提高了25%。

　　思考：从案例中，你能得到哪些启示？

　　我来说：

_____

_____

_____

_____。

案例3

　　国外心理学家做过一个试验：让5位不同着装的人到路边搭车：一位是身着笔挺漂亮军服的海军军官，一位是戴金丝边框眼镜、手持文件夹的青年学者，一位是打扮入时的漂亮女郎，一位是挎着菜篮子神色疲惫的中年妇女，一位是留着怪异头发穿着邋遢的男青年。结果是：漂亮女郎、海军军官、青年学者的搭车成功率高，中年妇女次之，搭车最困难的是那个男青年。

　　思考：

　　（1）在不同的场合应该如何着装？

　　（2）这个试验给了你哪些启示？

　　我来说：

_____

_____

_____

_____。

一、男士着装礼仪

（一）着装的原则

在交际活动中，穿出整体性、个性、具和谐感是男士着装的基本原则，合乎场合的穿着，是社交礼仪的重要体现。

1. 整体性原则

着装应当基于统筹考虑和精心搭配。着装的整体性，首先是要恪守服装本身约定俗成的搭配。例如，穿西装时应配皮鞋，而不能穿布鞋、拖鞋、运动鞋等。其次，要使服装各个部分相互适应，局部服从整体，力求展现着装的整体之美、全局之美。

2. 个性原则

根据不同年龄、身份、地位、职业与社会生活环境，来确定服装款式、面料、色彩与装饰物，只有个性化的服装，才能与个性和谐一致，在交际活动中充分展示个人的礼仪风范。着装同时也是民族和文化的个性反映。

3. 和谐性原则

在国际交流中，着装的和谐性是最高原则，着装要与生活环境和谐。在特定的礼节性场合，如正规的会议、礼宾活动、谈判、典礼等，应穿礼服或深色西装。在正式场合穿西装时必须打领带，但外出旅游，则不打领带更自然。此外，着装还要与形体和谐，与配饰和谐。

（二）服饰选择的标准

在交际场合，男士的着装大致可分为便服与礼服。各式外衣、夹克、衬衫、T恤衫与各式西装等均为便服。便服的穿着场合很广，如办公室、赴宴及出席会议等。出席正式、隆重、严肃的会议或有特别意义的典礼，则应穿礼服或深色西装。

参加涉外活动时，男士可穿毛料中山装、西装或民族服装；参观浏览时，可穿便服，穿西装可不系领带。

（三）穿西装的基本要求

西装是一种国际性服装。一套合体的西装，可以使穿着者显得潇洒、精神、风度翩翩。

1. 西装

要拆除商标、熨烫平整、系好纽扣、不卷不挽、慎穿毛衣、不与T恤衫配套、少装东西。西裤要与上装协调；裤子不得有褶，要有裤线；裤长以裤脚接触脚背最为合适；裤扣要扣好，拉链要拉严。

2. 衬衫

长袖，白色、无图案为佳，所有衣扣要系好，衬衣领高出西装领口1~2厘米，衬衣袖长应比西装衣袖长1厘米左右，衬衣下摆要均匀地掖进裤腰里。穿西装不系领带的时候，衬衫的第一粒纽扣不要扣上。

3. 领带

西装与领带两者的色调可以对比，也可以互补，但在颜色深浅上要有变化；西装和领带的花纹不能重复。

4. 鞋

男士宜穿黑色或深咖啡色皮鞋。黑色的皮鞋可以跟黑色、灰色、藏青色西装相搭配，咖啡色的皮鞋与咖啡色西装相配。白色和灰色的皮鞋，只适宜游乐时穿，不适合正式场合。

5. 袜子

宜选择黑色、棕色或藏青色，颜色要与长裤相配或相近，袜筒要长，跷腿时不能露出袜。

6. 饰物

一般说来，黑色皮带可以配任何服装；一般不要戴电子表或潜水表、卡通表去参加宴会；在公务活动中要随身携带一个公文包。

（四）穿着禁忌

（1）衬衫下摆不要露出来，应将其掖到裤子里。

（2）不要系上西服外套的最后一颗纽扣。穿着三颗纽扣的西装时，只需扣上最上面和中间的扣子，或只扣中间一颗也可以。如果里面穿着西装背心，领带必须放入背心之内，领带夹不可露于背心之外。

（3）坐下时，切记要将西服纽扣全部解开。

（4）不要过分凸显皮带。

（5）裤子一定要烫出笔挺的裤线。

（6）袜子要足够长不能露出小腿。

二、女士着装礼仪

女性的服装比男性更具个性特色，合体、合意的服饰将增添女士的自信。职业女性在正式场合的着装以裙装为佳，其中套裙是名列首位的选择。著名设计师韦斯特任德说："职业套装更能显露女性高雅气质和独特魅力。"

（一）套裙的选择

色彩以冷色调为主，体现出典雅、端庄、稳重；不宜过多的点缀。年轻女性的裙子可选择下摆在膝盖以上3~6厘米的，但不可太短；中老年女性的裙子则应选择下摆在膝盖以下3厘米左右，裙子里应有衬裙。真皮或仿皮的西装套裙不宜在正式场合穿着。

（二）衬衫的选择

女士正装衬衫以选择单色为最佳。色彩要求雅致而端庄，且不失女性的妩媚；衬衫色彩与套裙的色彩协调，内深外浅或外浅内深，形成深浅对比。穿衬衫时要注意，衬衫下摆掖入裙腰里，不要在腰间打结；纽扣要一一系好；穿西装套裙时不要脱下上衣直接外穿衬衫。

（三）鞋袜

鞋以高跟、半高跟黑色牛皮鞋为宜，也可选择与套裙色彩一致的皮鞋；穿裙子应当配长筒袜或连裤袜，忌光脚，颜色以肉色、黑色最为常用，尤其要注意袜口不能露在裙摆外边。鞋袜要大小相宜、完好无损，鞋袜不可当众脱穿。

（四）饰物

1.提包

女士提包不一定是皮包，但必须质地好、款式庄重，并与服装相配。

2.围巾

正式场合使用的围巾要庄重、大方，颜色要兼顾个人爱好、整体风格和流行时尚，最好无图案，亦可选择典雅、庄重的图案。

3. 首饰

泛指耳环、项链、戒指、手镯、手链、胸针等。佩戴时以少为佳、同质同色、风格划一。注意有碍于工作的首饰不戴、炫耀财力的首饰不戴、突出个人性别特征的首饰不戴。

三、配饰礼仪

（一）依据场合佩戴

上班、运动或旅游，可不戴或少戴首饰。公务场合切忌佩戴大耳环、脚链等。

晚宴、舞会或喜庆场所应适当佩戴首饰，但应注意不要靠佩戴首饰去标新立异。

吊唁、丧礼场合只适合戴戒指、珍珠项链和素色饰品。

（二）以少为佳，质地相同

佩戴首饰一般不应超过三件，而且其质地应相同，色彩协调。

（三）与服装相协调

佩戴首饰应尽量与服装协调。例如，穿着考究的服装应配上华贵的首饰；穿着飘逸轻柔的服装，应配上精巧玲珑的首饰；穿着厚重挺括的服装，应配上浑圆大气的首饰。衣服领口大的可选择长项链；领口小的可选择短项链等。

（四）依据季节选择

金色、深色饰品适合于冷季佩戴；银色、艳色饰品适合于暖季佩戴。

（五）扬长避短

选择饰品时，应充分考虑自身的形体特点，使饰品的佩戴能起到扬长避短的作用。

（六）注意习俗

不同的地区、不同的民族，佩戴饰品的习惯做法也不同。

（七）注意性别差异

男士与女士不同的是，场合越正规，佩饰就应当越少，尤其应避免在腰间佩戴过多物品，如手机、钥匙、玉佩等。

分小组准备，组织开展服饰表演活动，展示男士西装、女士职业套装、个性服装、领带的系法、丝巾的系法、配饰的搭配等，提高学生的审美情趣。

任务评价

实训评价表

评价项目	评价标准	分值	自评分	小组评分	综合得分
男士西装穿着礼仪	西装外套平整合体	10			
	西裤合体	5			
	衬衫合适	5			
	领带系法规范与西装协调	10			
	鞋袜颜色符合要求	10			
女士套裙穿着礼仪	上衣与裙子选择适当、穿着规范	10			
	衬衫与内衣选择适当、穿着规范	10			
	衬裙选择适当、穿着规范	10			
	鞋袜与套裙相配、穿着规范	5			
	妆容与服装协调	5			
仪容仪态	仪容与服装协调，仪态优雅	10			
综合表现	整体感觉大方优雅，自然得体	10			
总分		100			
努力方向		建议			

项目二
交际礼仪训练

项目概述

　　在日常工作和交往中，公关人员往往需要与各式各样的人交往。在与人交往时，既要热情、友好，又要讲究礼仪技巧。熟练地掌握并恰当地运用这些交际礼仪，能为交往创造出和谐融洽的气氛，能给他人留下良好的印象，为顺利开展工作打下基础。本项目的主要内容包括会面礼仪、交谈礼仪、接待礼仪、拜访礼仪、馈赠礼仪。

项目分解

　　本项目主要包括：

- 任务5　会面礼仪
- 任务6　交谈礼仪
- 任务7　接待礼仪
- 任务8　拜访礼仪
- 任务9　馈赠礼仪

任务5 会面礼仪

任务目标

● 在交际中能够得体地称呼对方。

● 能够得体地进行自我介绍、介绍他人。

● 懂得人际交往中的握手礼仪。

● 在交际中能够规范地使用名片。

任务情境

完美服饰有限公司是一家集研究、设计、生产、销售高中档西服、职业装于一体的专业化服装公司。2013年4月，完美服饰的王总参加该市举办的春季商品交易会，会上来了不少王总向往合作的企业，有几家公司也对完美服饰表示感兴趣，也许是连日的操劳或者过于兴奋，王总和这些公司的负责人交谈时，竟然连续发生了把人家姓名张冠李戴的现象。在午餐会上，一位老总彬彬有礼地走上前来："王总，您好，我是卓越公司的总经理，我叫张明，这是我的名片。"说着，便从随身带的公文包里拿出名片，递给了王总。王总显然还沉浸在与他人的谈话中，他顺手接过张明的名片，道声"你好"，草草看过，放在了一边的桌子上。张总在一旁等了一会儿，感到王总没有交换名片的意思，便失望地走开了……过了一会儿，服务人员将咖啡端上桌，王总喝了一口，将咖啡杯子放在了名片上，自己没有感觉，在一边的张总看到后很不悦，因此取消了和完美服饰合作的打算。

任务解析

会面礼仪是人与人交往时最常用最基础的礼仪，它能反映一个人及社会的礼仪水平。人与人之间的交往都要用到会面礼仪，特别是从事服务行业的人，掌握一些会面礼仪，能给客户留下良好的第一印象，为以后顺利开展工作打下基础。称呼、介绍、握手和使用名片等礼仪是会面时最常见的礼节。

从"任务情境"中的案例可以看出，称呼和使用名片等会面礼仪是一个并不复杂却十分微妙的问题。在交往中，因为不注意会面时的细节性礼仪动作，有时甚至影响着双方关系所能发展到的具体程度。正如完美服饰的王总，因为没有正确地称呼对方，没有规范地使用名片而丧失了合作伙伴。会面礼仪操作要点见表5-1、表5-2、表5-3。

表5-1　介绍礼仪的操作要点

操作项目	操作要求	操作标准
自我介绍	（1）主人和客人在一起，主人先介绍 （2）长辈和晚辈在一起，晚辈先介绍 （3）男士和女士在一起，男士先介绍	自我介绍时表情要自然、亲切，注视对方，举止庄重、态度镇定、自信。介绍内容要真实，时间要简短，顺序要正确
他人介绍	（1）把男士介绍给女士 （2）把晚辈介绍给长辈 （3）把客人介绍给主人 （4）把未婚者介绍给已婚者 （5）把职位低者介绍给职位高者 （6）把晚到者介绍给早到者 （7）把本公司职务低的人介绍给职务高的客户 （8）把个人介绍给团体	介绍时态度要热情友好，语言要清晰明快。在介绍一方时，应微笑着用自己的视线把另一方的注意力吸引过来。手的正确姿势应掌心向上，拇指微微张开，指尖向上。胳膊略向外伸，指向被介绍者
集体介绍	（1）被介绍的双方一方为一个人，另一方是由多人组成的集体时，往往可以只把个人介绍给集体，而不必再向个人介绍集体 （2）由主方负责人首先出面，依照主方在场者具体职务的高低，自高而低地依次对其进行介绍。接下来，再由客方负责人出面，依照客方在场者具体职务的高低，自高而低地依次对其进行介绍	介绍时态度要热情友好，语言要清晰明快，动作要规范，顺序要正确

表5-2　握手礼仪的操作要点

操作项目	操作标准	操作禁忌
握手的神态	应当神态专注、热情、自然、友好，正常情况下，握手时应目视对方双眼，面带笑容，并且同时问候对方	（1）忌左手与人握手。握手用右手，普遍认为用左手握手是失礼之举

操作项目	操作标准	操作禁忌
握手的姿势	一般应起身站立，迎向对方，在距其约1米左右伸出右手，握住对方的右手手掌，稍许上下晃动一两下，要垂直于地面	（2）忌戴手套与人握手。握手前务必要脱下手套。只有女士在社交场合可以戴着薄纱手套与人握手
握手的时间	通常是握紧后打过招呼即松开。在普通场合与别人握手所用的时间以3秒钟左右为宜	（3）忌戴墨镜与人握手。握手时一定要提前摘下墨镜，不然就有防人之嫌
握手的力度	用力应适度，不轻不重，恰到好处	（4）忌用双手与人握手。用双手与人相握，只有在熟人之间才适用。与初识之人握手，尤其当对方是一位异性时，两手紧握对方的一只手，是不妥当的
握手的顺序	（1）女士同男士握手时，应由女士首先伸手 （2）长辈同晚辈握手时，应由长辈首先伸手 （3）上级同下级握手时，应由上级首先伸手 （4）已婚者与未婚者握手，应由已婚者首先伸手 （5）社交场合的先至者与后来者握手，应由先至者首先伸手 （6）宾主之间的握手则较为特殊。正确的做法是：客人抵达时，应由主人首先伸手，以示欢迎之意；客人告辞时，则应由客人首先伸手，以示主人可就此留步	（5）忌以脏手与人握手。一般情况下，与人相握的手理应干净。以脏手、病手与人相握，都是不应当的

表5-3　使用名片礼仪的操作要点

操作项目	操作标准	操作禁忌
递交名片	（1）递名片时应起身站立，走上前去，双手将名片正面对着对方，递给对方 （2）若对方是外宾，最好将名片印有英文的那一面对着对方 （3）将名片递给他人时，应说"多多关照""常联系"等话语，或是先作一下自我介绍 （4）与多人交换名片时，应讲究先后次序。或由近而远，或由尊而卑进行，位卑者应当先把名片递给位尊者	（1）不要用左手递交名片 （2）不要将名片背面对着对方或是颠倒着面对对方 （3）不要将名片举得高于胸部 （4）不要以手指夹着名片给人

操作项目	操作标准	操作禁忌
接受名片	（1）接受他人名片时，不论有多忙，都要暂停手中的一切事情，并起身站立相迎，面带微笑，双手接过名片 （2）接过名片后，先向对方致谢，然后要从头至尾默读一遍，遇有显示对方荣耀的职务、头衔不妨轻读出声，以示尊重和敬佩。若对方名片上的内容有所不明，可当场请教对方 （3）应将名片谨慎地置于名片夹、公文包、办公桌或上衣口袋之内，且应与本人名片区别放置	（5）接受名片时要用右手，而不得使用左手 （6）接到他人名片后，切勿将其随意乱丢乱放、乱揉乱折
索要名片	（1）在主动递上自己的名片后，明言索要之意 （2）用含蓄的语言暗示对方	

训练内容

【情境训练】

（1）分小组做自我介绍，每组选一名代表上台展示。

（2）分小组设计场景，进行介绍他人练习。

（3）每2人一组，设计场景，进行握手礼仪练习。

（4）每2人一组，设计场景，进行递交名片、接受名片练习。

（5）每2人一组，设计场景，进行索要名片练习。

（6）分组讨论，任务情境中的王总在会面时有哪些不规范之处？小组成员分别扮演王总、张总和相关人员，演示王总正确地称呼及规范使用名片等礼仪。

训练手记：

_____。

案例1

《林肯传》中有这样一件事：一天，林肯总统与一位南方的绅士乘坐马车外出，途遇一老年黑人向他鞠躬。林肯点头微笑并摘帽还礼。同行的绅士问道："为什么你要向黑鬼摘帽？"林肯回答说："因为我不愿意在礼貌上不如任何人。"可见林肯深受美国人民的热爱是有其原因的。1982年美国举行民间测验，要求人们在美国历届的40位总统中挑选一位"最佳总统"时，名列前茅的就是林肯。

思考：林肯向老年黑人脱帽致礼说明了什么？

我来说：

_____

_____

_____

_____。

案例2

小王是天宇外贸公司的业务员，他的业务知识很好，但是做事情有些大大咧咧不注意细节。有一次，他去拜访公司的一个大客户，这位客户想在小王的公司订购一大批产品。到了那里之后，接待人员将小王带到总经理办公室，说明来意之后小王想把自己的名片给对方，但是他在包里找来找去也没有找到。后来终于在夹层中找到了一张皱巴巴的名片，上面还写着一些字，他随手就递给了总经理。谈了一会儿，总经理借口出去一下，回来的是总经理的秘书，他告诉小王总经理临时有事情出去了，让小王先回去。就这样到手的订单又飞走了。后来小王才知道，总经理觉得小王不尊重他，还觉得小王如此粗心，他所在公司的产品在细节上很难保证。

思考：案例中的小王都犯了使用名片的哪些禁忌？

我来说：

_____

_____

_____

_____。

案例3

李明今年大学刚毕业，在环宇公司做秘书。一次小李到机场接一位重要客户吴丽晶女士，见到小李，吴经理说："你好！你是小李吧，我是吴丽晶！"小李用不太标准的普通话说："是的，我是小李！您好！您就是广州过来的狐狸精（吴丽晶）吧？我是王总派来接您的。我是东方大学行政管理专业的研究生，现在是王总的秘书。"一边说一边伸手与吴经理握手。吴经理面有不悦，敷衍了一句，并未伸手。小李只好把伸出的手收回来，样子非常尴尬。

思考：

（1）小李称呼和做法有哪些不妥？

（2）本案例对你有何启示？

我来说：

_____

_____

_____

_____。

案例4

在一次接待某省考察团到访的任务中，公关人员王林与考察团长熟识，因而作为主要迎宾人员陪同部门领导前往机场迎接贵宾。当考察团团长率领其他工作人员到达后，小王面带微笑热情地走上前，先于部门领导与团长握手致意，表示欢迎，小王旁边的部门领导已经面露不悦之色。

思考：

（1）领导为什么面露不悦之色？

（2）握手有哪些注意事项？

我来说：

_____

_____

_____

_____。

【互动游戏】

"我是谁"

学生课前找一个能够代表自己个性特征或表达自己身份的物件（必须是可以拿得到的），并把它带到课堂上，让每一位学生展示自己所选的物件并解释其表达的含义（例如："我选择了一块石头，因为它坚硬、光滑、色彩丰富等"）。如果人数较多，可以在小组内进行，然后再选代表上台展示。

思考：

（1）你从其他同学身上学到了什么？

（2）通过这个游戏，你对其他同学的了解达到何种程度？

知识链接

一、称呼与介绍礼仪

（一）称呼

在社会交往中，交际双方见面时，如何称呼对方，这直接关系到双方之间的亲疏、了解程度、尊重与否及个人修养等。一个得体的称呼，会令彼此如沐春风，为以后的交往打下良好的基础，否则，不恰当或错误的称呼，可能会令对方心里不悦，影响到彼此的关系乃至交际的成功。

在日常生活、工作和交际场合，常规性称呼大体上有以下五种。

1. 行政职务

它是在较为正式的官方活动，如政府活动、公司活动、学术活动等活动中使用的。如"李局长""王总经理""刘董事长"等。

2. 技术职称

如"李总工程师""王会计师"等。称技术职称，说明被称呼者是该领域内的权威人士或专家，暗示他在这方面是说话算数的。

3.学术头衔

这跟技术职称不完全一样，这类称呼实际上是表示他们在专业技术方面的造诣如何。

4.行业称呼

如"解放军同志""警察先生""护士小姐"等。在不知道人家职务、职称等具体情况时可采用行业称呼。

5.泛尊称

它是指对社会各界人士在较为广泛的社交面中都可以使用的表示尊重的称呼。比如"小姐""夫人""先生""同志"等。在不知道对方姓名及其他情况（如职务、职称、行业）时可采用泛尊称。

此外，有的时候还有一些称呼在人际交往中可以采用，比如可以使用表示亲属关系的爱称，如"叔叔""阿姨"等。这样称呼人家，并不意味着他（她）就一定是你的亲叔叔、亲阿姨。

（二）介绍

在人际交往中，特别是人与人之间的初次交往中，介绍是一种最基本、最常规的沟通方式，同时也是人与人之间相互沟通的出发点。

在日常工作与生活中，办公室员工所应掌握的介绍主要有如下三种形式。

1.自我介绍

自我介绍，它指的是由本人担任介绍人，自己把自己介绍给别人。公关人员在介绍自己时，通常有以下三点注意事项。

（1）内容要真实　介绍自己时具体表述的各项内容，应当实事求是，介绍自己时，既没有必要自吹自擂，吹牛撒谎，也没有必要过分自谦，遮遮掩掩。

（2）时间要简短　介绍自己时，公关人员理当有意识地抓住重点，言简意赅，努力节省时间。一般而言，介绍自己所用的时间以半分钟左右为佳。若无特殊原因，是不宜超过1分钟的。

（3）形式要标准　就形式而论，公关人员所适用的自我介绍主要分为两种。形式之一，是应酬型的自我介绍。它仅含本人姓名这一项内容，主要适用于面对泛泛之交、不愿深交者。形式之二，是公务型的自我介绍。它通常由本人的单位、部门、职务、姓名等项内容所构成，并且往往缺一不可。它主要适用于正式的因公交往。

2.他人介绍

他人介绍，亦称第三者介绍，是指第三者为彼此之间互不相识的双方所进行的介绍。在进行介绍时，要注意以下三个问题。

（1）介绍顺序　介绍人在介绍之前必须了解被介绍双方各自的身份、地位以及对方有无相识的愿望，或衡量一下有无为双方介绍的必要，再择机行事。介绍的先后顺序应坚持受到特别尊重的一方有了解对方的优先权的原则。要确定双方地位的尊卑，然后先介绍位卑者，后介绍位尊者，使位尊者先了解位卑者的情况。

图5-1

（2）介绍人的神态与手势　作为介绍人在为他人作介绍时，态度要热情友好，语言要清晰明快。在介绍一方时，应微笑着用自己的视线把另一方的注意力吸引过来。手的正确姿势应掌心向上，胳膊略向外伸，指向被介绍者（图5-1），不能用手拍被介绍人的肩、胳膊和背等部位，更不能用食指或拇指指向被介绍的任何一方。

（3）介绍人的陈述　介绍人在作介绍时要先向双方打招呼，使双方有思想准备，介绍语宜简明扼要，并应使用敬语。在较为正式的场合，可以说："尊敬的威廉·匹克先生，请允许我向您介绍一下……"或说："王总，这就是我和您常提起的李博士。"在介绍中要避免过分赞扬某个人，不要给人留下厚此薄彼的感觉。

3. 集体介绍

集体介绍，实际上是介绍他人的一种特殊情况，它是指被介绍的一方或者双方不止一人的情况。介绍集体时，被介绍双方的先后顺序依旧至关重要。具体来说，介绍集体又可分为两种基本形式。

（1）单向式　当被介绍的双方一方为一个人，另一方是多个人组成的集体时，往往可以只把个人介绍给集体，而不必再向个人介绍集体。这就是介绍集体的所谓单向式。

（2）双向式　被介绍的双方皆为由多人组成的集体，在具体进行介绍时，双方的全体人员均应被正式介绍。在公务交往中，这种情况比较多见。它的常规做法：主方负责人首先出面，依照主方在场者具体职务的高低，自高而低地依次进行介绍；接下来，由客方负责人出面，依照客方在场者具体职务的高低，自高而低地依次对其进行介绍。

二、握手礼仪

握手，是人们在社交场合中司空见惯的礼仪。握手在日常生活中，是一种经常使用的礼节方式，不仅常用在人们见面和告辞时，更可作为一种祝贺、感谢或相互鼓励的表示。它看似简单，但却是沟通、交流、增进人际交往的重要手段。

1. 神态

与他人握手时，应当神态专注、热情、自然、友好。在正常情况下，握手时应目视对方双眼，面带笑容，并且同时问候对方（图5-2）。握手时切勿显得自己三心二意，敷衍了事，漫不经心，傲慢冷淡。如果在此时迟迟不握他人早已伸出的手，或是一边握手、一边东张西望，目中无人，甚至忙于跟其他人打招呼，都是极不应该的。

图5-2

2. 姿势

与人握手时，一般均应起身站立，迎向对方，在距其约1米的位置伸出右手，握住对方的右手手掌，稍许上下晃动一两下，并且令其垂直于地面。

3. 力度

握手时用力应适度，不轻不重，恰到好处。若用力过轻，有怠慢对方之嫌；若不看对象而用力过重，则会使对方难以接受而生反感。男士之间的握手力度稍大，女士之间的握手力度稍轻，男士与女士之间的握手力度稍轻。

4. 时间

通常是握紧后打过招呼即松开。但如亲密朋友意外相遇，敬慕已久而初次见面，至爱亲朋依依惜别，衷心感谢难以表达等场合，握手时间就长一点，甚至紧握不放、话语不休。在公共场合，如列队迎接外宾，握手的时间一般较短。握手的时间应根据与对方的亲密程度而定。一般来讲，在普通场合与别人握手所用的时间以3秒钟左右为宜。

5. 顺序

在比较正式的场合，握手礼仪很重要的一点是握手的顺序。倘若对此一无所知，在与他人握手时，轻率地抢先伸出手去而得不到对方的回应，是很尴尬的。在社交场合，握手的顺序主要根据双方所处的社会地位、身份、性别和各种条件来确定。但需注意的是，在公务场合，握手时伸手的先后顺序主要取决于职位、身份；而在社交场合和休闲场合，则主要取决于年龄、性别和婚否。握手应当遵守"尊者决定"的原则，其含义是，在两人握手时，各自应首先确定握手双方彼此的身份，并以此决定伸手的先后，切不可贸然抢先伸手。女士同男士握手时，应由女士首先伸手；长辈同晚辈握手时，应由长辈首先伸手；上级同下级握手时，应由上级首先伸手；宾主之间的握手则较为特殊，正确的做法是：客人抵达时，应由主人首先伸手，以示欢迎之意；客人告辞时，应由客人首先伸手，以示主人可就此留步。

在正规场合，当一个人有必要与多人一一握手时，既可以由"尊"而"卑"地依次进行，也可以由近而远地逐渐进行。

三、名片的使用礼仪

名片是我国古代文明的产物。名片发展至今，已是现代人交往中一种必不可少的联络工具，成为具有一定社会性、广泛性，便于携带、使用、保存和查阅的信息载体之一。

（一）携带名片

我们在参加正式的交际活动之前，都应随身携带自己的名片，以备交往之用。名片的携带应注意以下三点。

1. 足量适用

在社交场合活动中携带的名片一定要数量充足，确保够用。所带名片要分类，根据不同交往对象使用不同的名片。

2. 完好无损

名片要保持干净整洁，切不可出现折皱、破烂、肮脏、污损、涂改的情况。

3. 放置到位

名片应统一置于名片夹、公文包或上衣口袋之内，在办公室时还可放于名片架或办公桌内。切不可随便放在钱包、裤袋之内。放置名片的位置要固定，以免需要名片时东找西寻，显得毫无准备。

（二）递交名片

在与人交往时，递交名片要注意以下五个要点。

1. 观察意愿

除非自己想主动与人结识，否则名片务必要在交往双方均有结识对方并欲建立联系意愿的前提下发送。这种愿望往往会通过"幸会""认识你很高兴"等一类谦语以及表情、体态等非语言符号体现出来。如果双方或一方并没有这种愿望，则无须发送名片，否则会有故意炫耀、强加于人之嫌。

2. 把握时机

发送名片要掌握适宜的时机，只有在确有必要时再发送名片，才会令名片发挥功效。发送名片一般应选择初识之际或分别之时，不宜过早或过迟。不要在用餐、观赏戏剧、跳舞之时发送名片，也不要在大庭广众之下向多位陌生人发送名片。

3. 讲究顺序

双方交换名片时，应当首先由位低者向位高者发送名片，再由后者回复前者。但在多人之间递交名片时，不宜以职务高低决定发送顺序，切勿跳跃式进行发送，甚至遗漏其中某些人。最佳方法是由近而远或按顺时针方向依次发送。

4.先打招呼

递上名片前，应当先向接受名片者打个招呼，令对方有所准备。既可先作一下自我介绍，也可以说声"对不起，请稍候""可否交换一下名片"之类的提示语。

5.发送名片的方法

递名片时应起身站立，走上前去，双手将名片正面对着对方，递给对方（图5-3）；若对方是外宾，最好将名片上印有英文的那一面对着对方；将名片递给他人时，应说"多多关照""常联系"等话语，或是先作一下自我介绍；与多人交换名片时，应讲究先后次序，或由近而远，或由尊而卑进行。位卑者应当先把名片递给位尊者。

图5-3

（三）接受名片

接受他人名片时，主要应当做好以下三点。

1.态度谦和

接受他人名片时，不论有多忙，都要暂停手中的一切事情，并起身站立相迎，面带微笑，双手接过名片。至少要用右手，不得单独使用左手接名片。

2.认真阅读

接过名片后，先向对方致谢，然后要将其从头至尾默读一遍，遇有显示对方荣耀的职务、头衔不妨轻读出声，以示尊重和敬佩。若对方名片上的内容有所不明，可当场请教对方。

3.精心存放

接到他人名片后，切勿将其随意乱丢乱放、乱揉乱折，应将其谨慎地置于名片夹、公文包、办公桌或上衣口袋之内，且与本人名片区别放置。

接受了他人的名片后，一般应当即刻回给对方一张自己的名片。没有名片、名片用完了或者忘了带名片时，应向对方作出合理解释并致以歉意，切莫毫无反应。

（四）索要名片

依照惯例，通常情况下最好不要直接开口向他人索要名片。若想主动结识对方或者有其他原因有必要索取对方名片时，可采取下列办法。

1.互换法

以名片换名片。在主动递上自己的名片后，对方按常理会回给自己一张他的名片。如果担心对方不回送，可在递上名片时明言此意："能否有幸与您交换一下名片？"

2. 暗示法

用含蓄的语言暗示对方。例如，向尊长索要名片时可说："请问今后如何向您请教？"向平辈或晚辈表达此意时可说："请问今后怎样与您联络？"

面对他人的索取，不应直接加以拒绝。如确有必要这么做，则需注意分寸。最好向对方表示自己的名片刚用完，或说自己忘了带名片。但若自己手里正拿着名片或刚与他人交换过名片，显然不说为妙。

拓展训练

分小组，创作并拍摄会面的情景剧，可自编自导，或请老师指导，设计某一会面场景，将称呼、介绍、握手、使用名片等礼仪，连贯地演示下来。时间5~10分钟为宜，结合视频，制作课件，课堂展示。

任务评价

实训评价表

评价项目	评价标准	分值	自评分	小组评分	综合得分
称呼	称呼得当，符合规范	10			
介绍	介绍的顺序、介绍的原则运用正确	10			
	介绍的姿态正确，表情大方	15			
	介绍的内容合适、语言规范	10			
握手	握手的顺序、时间、力度、动作把握准确	10			
	眼神、面部表情、语言等符合礼仪规范	15			

评价项目	评价标准	分值	自评分	小组评分	综合得分
使用名片	递送名片时机把握准确、动作规范，面带微笑，正视对方，语言规范	10			
	接受名片动作正确，面带微笑，正视对方，语言规范	10			
	名片的交换顺序由近而远，由尊而卑。名片放置到位	10			
总分		100			
努力方向		建议			

任务6 交谈礼仪

任务目标

- 能够自觉使用礼貌用语。
- 恰当运用交谈的语言技巧，得体地与人进行交谈。
- 会恰当选择交谈的话题。
- 在交谈中善于倾听、提问、回答。

 任务情境

李敏年轻干练、活泼开朗、做事认真、善于学习，最近经常得到王经理的表扬。这天李敏等人要去周边城市谈判，李敏一合计，一行好几个人，坐公交车不方便，人受累还会影响谈判效果；打车吧，一辆坐不下，两辆费用太高；还是包一辆车好，经济又实惠。

主意定了，李敏却没有直接去办理。入职以来的经验让她懂得，遇事向经理汇报一声是绝对必要的。"王总，您看，我们今天要出去。"接着李敏把几种方案的利弊分析了一番，然后说："所以呢，我决定包一辆车去！"汇报完毕，李敏发现经理表情不对，他生硬地说："是吗？可是我认为这个方案不太好，你们还是买票坐长途车去吧！"李敏愣住了，她万万没想到，一个如此合情合理的建议竟然被打了"回票"。"没道理呀，傻瓜都能看出来我的方案是最佳的！"李敏大惑不解。

任务解析

美国前哈佛大学校长伊立特曾说："在造就一个有修养的人的教育中，有一种训练必不可少，那就是优美高雅的谈吐。"交谈是交流思想和表达感情最直接、最快捷的基本方式，也是建立良好人际关系的重要途径。在社交中，因为不注意交谈礼仪而导致交往失败或影响人际关系的事时有发生，正如"任务情境"中的李敏，一句不当的话让经理反感并拒绝了她的合理建议。交谈礼仪操作要点见表6-1。

表6-1 交谈礼仪操作要点

操作项目	操作标准	操作禁忌
语言技巧	（1）礼貌用语规范 （2）准确流畅 （3）委婉表达 （4）掌握分寸 （5）幽默风趣	（1）忌谈个人隐私 （2）忌非议别人 （3）忌谈违背社会伦理道德、生活堕落、政治错误等主题
交谈技巧	（1）话题选择要合适 （2）交谈时要表情自然、举止得体 （3）在交谈时要善于倾听 （4）在交谈时要有效提问 （5）在交谈时回答要得体	（1）忌谈让对方伤感、不快的话题 （2）交谈中忌一人独白 （3）别人讲话的时候，尽量不要中途打断或是和人争辩 （4）忌交谈中从头到尾保持沉默，不置一词

训练内容

【情境训练】

（1）分组讨论：李敏在与王经理的交谈中有哪些失礼之处?模拟演练李敏与王经理恰当交谈的过程。

（2）分小组设计交际场景，结合操作要点，进行常用礼貌用语的训练，要求能够准确而适当地使用礼貌用语。

（3）分小组自主设计场景，根据场景设计开场白，模拟演练。

（4）分小组自主设计场景，进行倾听、提问与回答的礼仪训练。

（5）观看几个访谈类电视节目，领会主持人与嘉宾的交谈技巧，提交自己的心得体会。

（6）本学期学校举办了体育节，班级之间有拔河比赛项目。2012级文秘专业1班去年以微弱的差距屈居亚军，本届比赛前学生个个摩拳擦掌，力争冠军。在第二轮比赛中，全班同学都以为对手不强，自己可以轻松取胜直接进入冠亚军的争夺赛，但比赛时才发现对手是实力非常强的一个班级，原来抽签的李斌把对手弄错了。比赛非常激烈，最终文秘1班以2∶3输了。输了比赛的同学个个情绪低落，其中有同学开始责怪抽签的李斌，李斌非常恼火，背起书包冲出了教室。班长赶紧追了出去。模拟演练班长与李斌交谈的场景。

训练手记：

_____

_____。

【案例讨论】

案例1

有一次，美国作家马克·吐温去某小城，临行前别人告诉他，那里蚊子特别厉害。到了小城，正当他在旅店登记房间时，一只蚊子正好在马克·吐温眼前盘旋，旅馆职员特别尴尬。马克·吐温满不在乎地对职员说："贵地蚊子比传说中的不知聪明多少倍，它竟会预先看好我的房间号码，以便晚上光顾，饱餐一顿。"大家听了不禁哈哈大笑。结果，这一夜马克·吐温睡得十分香甜。原来旅馆全体职员一齐出动，驱赶蚊子，不让这位博得众人喜爱的作家被"聪明的蚊子"叮咬。幽默，不仅使马克·吐温拥有一群诚挚的朋友，而且也因此得到陌生人的"特别关照"。

思考：马克·吐温运用了哪些语言技巧？

我来说：

_____

_____

_____

_____。

案例2

某局新任局长宴请退居二线的老局长。席间端上一盘油炸田鸡，老局长用筷子点点说："喂，老弟，青蛙是益虫，不能吃。"新局长不假思索，脱口而出："不要紧，都是老田鸡，已退居二线，不当事了。"老局长闻听此言顿时脸色大变，连问：

"你说什么？你刚才说什么？"新局长本想开个玩笑，不料说漏了嘴，触犯了老局长的自尊，顿觉尴尬万分。席上的友好气氛尽被破坏，幸亏秘书反应快，连忙接着说："老局长，他说您已退居二线，吃田鸡不当什么事。"气氛才有点缓和。

思考：

（1）"莫对失意人谈得意事"（治家格言），结合本案例谈谈你对这句话的理解。

（2）结合案例谈谈为什么交谈中应注意语言的运用？

我来说：

_____

_____

_____

_____。

知识链接

一、交谈的语言技巧

（一）文明礼貌

交谈中使用礼貌用语，是人类文明的标志。日常交谈虽不像正式发言那样严肃郑重，但也要注意文明礼貌。

（1）交谈中，要善于使用一些约定俗成的礼貌用语，如"您""谢谢""对不起"等。交谈结束时，应当与对话方礼貌道别，如"有空再聊吧""谢谢您，再见"等。即使在交谈中有过争执，也应不失风度，切不可来上一句："说不到一块儿就算了""我就是认为我对"等。

（2）交谈中应当尽量避免一些不文雅的语句和说法，不宜明言的一些事情可以用委婉的词句来表达。例如想要上厕所时，可以说："对不起，我去一下洗手间。"或说："不好意思，我去打个电话。"要避免使用气话、粗话、脏话等。不得体的话不但有失身份、让人反感而且不利于营造谈话气氛。

（二）准确流畅

在交谈时如果词不达意、前言不搭后语，很容易被人误解，达不到交际的目的。在表达思想感情时，应做到口语标准、吐字清晰，说出的语句应符合规范，避免使用似是而非的语言。应去掉过多的口头语，以免语句中断；语句停顿要准确，思路要清晰，谈话要缓急有度，从而使交流活动畅通无阻。语言准确流畅还表现在让人听懂，言谈时尽量不用书面语或专业术语，因为这样的谈吐让人感到太正规、受拘束或者理解困难。

（三）委婉表达

交谈是一种复杂的心理交往，人的微妙心理、自尊心往往在里面起重要的控制作用，触及它，就有可能产生不愉快。因此，对一些只可意会、不可言传的事情、人们回避忌讳的事情、可能引起对方不愉快的事情，不要直接陈述，可以用委婉、含蓄的话去说。常见的委婉说话方式有：避免使用主观武断的词语，如"只有""一定""唯一""就要"等不带余地的词语，要尽量采用与人商量的口气；先肯定后否定，学会使用"是的……但是……"这个句式，把批评的话语放在表扬之后，就显得委婉一些；间接地提醒他人的错误或拒绝他人。

（四）掌握分寸

交谈中不但说话要讲究文明礼貌，注意语气语调，也要把握说话的分寸。要让说话不失分寸，除了提高自己的文化素养和思想修养外，还必须注意以下几点。

（1）说话时要认清自己身份　任何人在任何场合讲话，都有自己特定的身份。这种身份，也就是自己当时的"角色地位"。比如，在公司里，对上司你是下属，对下属你是上司，如果用上司的口气对平级或上司说话就不合适了，因为这是不礼貌的，有失"分寸"的。

（2）说话要客观　事实是怎么样就怎么样，应该客观地反映。不能主观想象、信口开河。当然，客观地反映实际，也应视场合、对象，选择恰当的表达方式。

（3）说话要有善意　说话的目的，就是要让对方了解自己的思想和感情。"良言一句三冬暖，恶语伤人六月寒。"在人际交往中，我们必须把握好这个"分寸"。

（4）说话要注意方式，多用婉言表达　生活中，有很多问题，都可以婉言表达，其功效是免除怨怒，促进尊重，让人与人之间充满友好和谐的气氛。

如果有不速之客蓄意打探你的个人隐私，你又不便直接回答时，不妨说出一些不着边际的话语来作答，对方在感到莫名其妙后会知趣而退，同时，隐隐感受到你的不可冒犯，这种用虚假理由来替换真正理由的话语，就是婉言的一种。

（五）幽默风趣

交谈本身就是一个寻求一致的过程，在这个过程中常常会出现不和谐的地方而产生争论或分歧，这就需要交谈者随机应变，凭借机智抛开或消除障碍。幽默可以化解尴尬局面或增强语言的感染力，它建立在说话者高尚情趣、较深的涵养、丰富的想象、乐观的心境、对于自我智慧和能力自信的基础上，它不是要小聪明或"卖弄嘴皮子"，它使语言表达既诙谐，又入情入理，体现一定的修养和素质。

二、交谈中的礼仪

（一）交谈的话题

进行交谈时，最重要的当推具体内容。在人际交往中，学会选择话题，就能使谈话有个良好的开端。交谈中宜选择的话题主要包括如下方面。

1. 既定的话题

公关活动双方约定的主题。如求人帮助、征求意见、传递信息、讨论问题、研究工作等。

2. 高雅的话题

内容文明、格调高雅的话题，如哲学、历史、地理、艺术、建筑，要忌不懂装懂。

3. 轻松的话题

有些时候，特别是在非正式场合跟别人闲聊时，往往不宜选择过于深奥、枯燥、沉闷的内容，以防曲高和寡，令人不悦。此时此刻，不妨谈论一些令人感到欢快的内容，例如休闲娱乐、旅游观光、名胜古迹、风土人情、电影、电视、体育比赛、烹饪小吃、天气状况等。

4. 时尚的话题

流行的、大家都关注的话题，如住房改革、股市动荡、汽车降价、教育改革等。

5. 对方擅长的话题

交谈中直接向交谈对象进行讨教，不仅可以找到对方感兴趣的话题，而且还可以借机向对方表达自己的敬意。只要讨教的内容确为对方之所长，通常都会令其倍感重视。

（二）交谈的态度

交谈的态度，指的是一个人在与别人交谈的整个过程中的举止表情，以及由此而体现出来的个人修养和对待交谈对象的基本看法。从某种程度上讲，交谈的态度有时甚至比交谈的内容更重要。在交往中，尤其是在与一个外国人初次打交道时，交谈的态度通常会更受对方的关注。在交谈中，要想使自己交谈的态度符合要求，就必须注意以下两个基本要点。

1. 表情自然

交谈时目光应专注，或注视对方，或凝神思考，从而和谐地与交谈进程相配合（图6-1）。眼珠一动不动，眼神呆滞，甚至直愣愣地盯视对方，都是极不礼貌的。目光游离、漫无边际，则是对对方不屑一顾的失礼之举，也是不可取的。如果是多人交谈，就应该不时地用目光与众人交流，以表示交谈是大家的，彼此是平等的。同时，在交谈时可适当运用眉毛、嘴、眼睛在形态上的变化，表达自己对对方所言的赞同、理解、惊讶、迷惑，从而表明自己的专注之情，并促使对方强调重点、解释疑惑，使交谈顺利进行。

图6-1

2. 举止得体

人们在交谈时往往会伴随着做出一些有意无意的动作举止。这些肢体语言通常是自身对谈话内容和谈话对象的真实态度的反应，适度的动作是必要的。例如，发言者可用适当的手势来补充说明其所阐述的具体事由。倾听者则可以点头、微笑来反馈"我正在注意听""我很感兴趣"等信息。可见，适度的举止既可表达敬人之意，又有利于双方的沟通和交流，但要避免过分、多余的动作。与人交谈时可有动作，但动作不可过大，更不要手舞足蹈、拉拉扯扯、拍拍打打。为表达敬人之意，切勿在谈话时左顾右盼，或者双手置于脑后，或者跷起"二郎腿"，甚至剪指甲、挖耳朵等。交谈时应尽量避免打哈欠，如果实在忍不住，也应侧头掩口，并向他人致歉。尤其应当注意的是，不要在交谈时以手指指人，因为这种动作有轻蔑之意。

（三）善于倾听

一般人在交谈中，倾向于以自己的意见、观点、感情来影响别人，因而往往谈个不停，似乎非如此无法达到交谈的目的。实际上，与人交谈，光做一个好的演说者不一定成功，还须做一个好的听众。只有善于聆听的人，才懂得"三人行，必有我师"的道理，才能够利用一切机会博采众长，丰富自己，而且能够留给别人讲礼貌的良好印象。

（1）倾听的过程当中要运用眼神、表情等非语言传播手段来表示自己在认真倾听。尽可能以柔和的目光注视着对方，并通过点头、微笑等方式及时对对方的谈话做出反应；也可以不时地说"是的""明白了""继续说吧""对"等语言来表示自己在认真倾听。

（2）如果对对方谈到的内容比较感兴趣，可以先点点头，然后简单地表明自己的态度，最后再说"请接着说下去""这件事你觉得怎么样""还有其他事情吗"等，这样会使对方谈兴更浓。

（3）要注意倾听对方说的内容，最好能够在对方讲完后简单地复述一遍，这样可以让对方感到被认真倾听，同时也确保理解了对方所讲的内容。

（4）如果对对方的谈话不感兴趣，可以委婉地转换话题，比如，"我想我们是不是可以谈一下关于……的问题"等。

（5）倾听时不要挑对方的毛病，不要当场提出自己的批判性意见，更不要与对方争论，尽量避免使用否定别人的回答或评论式的回答，如"不可能""我不同意""我可不这样想""我认为不该这样"等。应该站在对方的立场去倾听，努力理解对方说的每一句话，并可以对他人的话进行重复。

（6）交谈过程中对谈话内容没听明白的时候，要等对方讲完以后再询问，不要在中途随意打断对方，否则对方会因为思路或兴致被中断而不悦。

（四）有效提问

交谈的基本形式是提问和回答，善于提问往往能更顺利地与对方接近、相识，加深了解，能解除疑点，获得信息，能启发对方思维，打破交谈的僵局，使交谈活动得以顺畅地进行，因此提问在交谈中占主导地位，它往往是交际的起点。在交谈中要讲究提问技巧，问得其所，问到所需。

（1）根据对象提问　不提难倒别人的问题、让别人尴尬的问题。

（2）把握时机提问　对方谈锋正健时不要打断；冷场时多提问改变局面；一个主题已经谈得差不多时提问，转移话题。

（3）抓住关键提问　不要把问题提得又多又散，要抓住问题的核心。对敏感性问题才需要绕弯子，转化分解为侧面问题、具体问题。

（4）不使用盘问审讯式、讽刺性语言提问。

（五）得体回答

1. 坦诚地回答

坦然、诚恳地回答问题，不要装聋作哑、敷衍了事。

2. 谨慎地回答

言多必失，没有把握的事情不要想当然。

3. 巧妙地回答

对不想回答的问题、尖锐敏感的问题，不宜正面回答的或不宜公开的问题，可以用幽默的方式避开锋芒，或者巧妙地回答。

拓展训练

　　分组设计交际场景，模拟演练并录像。在演练过程中要体现交谈的语言技巧，并注意交谈话题、交谈的表情、交谈的举止，倾听、提问与回答等技巧的运用。结合录像，制作课件，课堂展示。

任务评价

实训评价表

评价项目	评价标准	分值	自评分	小组评分	综合得分
语言技巧	礼貌用语规范	10			
	表达准确流畅，委婉、幽默	15			
交谈技巧	话题选择合适，表情自然，举止得体	15			
	善于倾听、提问	15			
综合表现	场景设计合理、能够体现设计思想	15			
	组织严密，小组成员间配合较好	15			
	演练中成员态度认真，表情自然，知识点演示全面，能够体现设计思想	15			
总分		100			
努力方向		建议			

任务7 接待礼仪

任务目标
- 能够合理地确定接待规格。
- 能够制订规范的接待计划。
- 在交际中能够得体地迎宾。
- 能够热情周到地招呼客人、规范地引导客人、陪车。
- 在接待客人的过程中，能得体地奉茶、送客。

任务情境

上午8:30，秘书李敏匆匆走进办公室，像往常一样进行上班前的准备工作。她先打开窗户，接着，打开饮水机开关，然后，翻看昨天的工作日志，本周三将有3位来自新疆的重要客人到公司考察、洽谈业务。王经理让李敏今天上午就要上交接待计划，李敏找出未完成的接待计划赶紧忙了起来。这时，一位事先有约的客人要求会见销售部李经理，李敏一看时间，他提前了30分钟到达。她仍在忙着手头接待计划，只是向客人点点头，并示意请客人先坐下。10分钟后，她起身端茶水给客人并通知了销售部李经理，李经理说正在接待一位重要的客人，请对方稍等。李敏就如实转告客人说："李经理正在接待一位重要的客人，请您等一会儿。"话音未落，电话铃响了，李敏没顾上对客人说什么，就赶快接电话去了。客人尴尬地坐着……待李敏接完电话后，发现客人已经离开了办公室。

任务解析

迎来送往是社交接待活动的最基本形式，是表达主人情谊、体现礼仪素养的重要环节。在接待过程中，迎送来宾不仅反映接待方的接待水准，体现接待方的礼宾规格，而且意味着双方关系发展的程度，暗示着接待方对接待对象的重视程度。接待人员是企业对外形象的窗口，接待人员的言行举止决定到访客人对企业的第一印象。如果不注意接待礼仪，会像"任务情境"中的李敏那样使对方难堪，并会影响公司的形象和发展。接待礼仪的操作要点见表7-1。

表7-1　接待礼仪的操作要点

操作项目	操作要求
接待前的礼仪	（1）掌握客人的基本情况 （2）确定接待规格，制订接待计划 （3）确认客人抵达的时间
迎宾礼仪	（1）迎送人员与来宾的身份要相当 （2）确认迎宾地点时，要考虑双方的身份、关系及自身的条件 （3）到车站、机场去迎接客人，应提前到达，绝不能迟到让客人久等 （4）如果迎接人员与客人素未谋面，一定要事先了解一下客人的外貌特征，准备好迎宾的标志
待客礼仪	（1）接待客人要热情友好，应遵守"3S"原则 （2）引导客人 （3）奉茶待客，端茶不可随意，注意奉茶的先后顺序，敬茶的细节要到位 （4）陪车时应遵循"客人为尊、长者为尊"的原则。注意上车、入座、下车的礼仪
送客礼仪	（1）道别应当由客人先提出来 （2）宾主道别，彼此使用一些礼貌用语表达惜别之情 （3）一般客人告辞离去，接待人员可将其送至门口，并说："欢迎再来""常联系"等，切忌流露出不耐烦、急于脱身的神态

训练内容

【情境训练】

（1）分组讨论：任务情境中李敏的接待工作有哪些不规范之处？分别扮演李敏、来访的客人、总经理和相关人员，演示正确接待的过程。

（2）分组讨论：新疆的3位客人要来公司考察洽谈业务，要听取王经理的公司介绍，并参观公司的服装加工情况，时间是上午9:00到12:00。李敏应做好哪些接待准备工作？小组提交接待计划文案，内容要求包括接待规格、日程安排、接待费用等。

（3）分小组模拟演练新疆的3位客人到达机场后，李敏在机场迎接宾客和陪同乘车的情境。

（4）分小组模拟演练新疆的3位客人到达公司，李敏引导客人到办公室的礼仪。

（5）分小组模拟演练新疆的3位客人到达会议室后李敏引导客人和奉茶的礼仪。

（6）分小组模拟演练王经理、李敏等送别新疆客人的礼仪。

训练手记：

_____。

【案例讨论】

案例1

　　一位客人来到办公室，要找李总。张秘书问："您预约了吗？""没有，不知李总是否方便？"客人说完并递上名片。张秘书一看客人递过的名片，是本市某报广告公司的广告推销员。李总规定不接待上门的推销员，张秘书考虑到该报是本市影响最大的报纸，从客人自我介绍中得知这名业务员确实是来拉广告的。张秘书边翻工作安排表边说："您看，今天很不凑巧，李总刚好有一个会议。我给您联系一下，或者您另约时间？"客人说："那麻烦给联系一下吧。"张秘书打电话给李总，李总批评了张秘书："不是今天我很忙，不见客人吗？"张秘书放下电话对客人说："真不好意思，李总确实很忙，不能会见您。"客人有点不高兴，但还是要求张秘书向李总转告这次是专版，机会难得。张秘书说："真是抱歉，李总现在正在讨论一个合同的事，无法会客。您看我们公司在本市也就是一个分公司，并且业务又在本市的周边地区，虽然本市有些业务，但我们在贵报社的另一份杂志做了广告，是否要在贵报刊登广告，得李总确定。您看现在快下班了，为了不耽误您的时间，您能否留下电话？""那好。"客人还是有些不高兴地走了。

　　思考：

　　（1）请你分析张秘书哪些地方做得正确，哪些地方还需改进？

　　（2）如果业务员还是坚持不走，你该如何办？

　　我来说：

_____

_____

_____

_____。

案例2

今天上午，研发部办公室秘书王丽正忙着打印一份重要的研发报告，她想集中精力赶紧把报告打完，可是一会儿一个电话，一会儿来一个人，王秘书恨不能生出三头六臂来。正在王秘书懊恼之际，听见有人敲门，忙说："请进。"推门而入的是一位中年男士。王秘书问："您好！请问有什么需要帮忙的？"来人说："我是环宇公司的李凯，今天早上我跟你们的刘经理约好十点钟见面。"王秘书一看还差10分钟，就说："那您先坐会儿吧。"接着就又低头忙碌起来。紧接着，王秘书又听见有人敲门，说声："请进。"这次推门而进的是他们刘经理的老同学，市政府科技处的张处长。王秘书马上热情地迎上去，说道："张处长您好！您是来找我们刘经理的吧，快请坐，我给您沏茶。"说着，手脚利索地沏好茶端给了张处长。张处长接过茶，说："谢谢，我想跟你们经理谈谈市里那个项目的事情，他今天上午没别的事吧？"王秘书忙说："刘经理上午没什么事，我这就带您过去。"说完，就要带张处长去刘经理的办公室。这时，站在旁边的客人生气了，大声说："既然我在你们公司是不受欢迎的人，那我就先告辞了。"说完，摔门而去。王秘书一时愣住了，脸刷地一下红到耳根，张处长也尴尬地站在原地。

思考：

（1）王秘书在本案例中的做法错在何处？

（2）王秘书应该怎样正确接待李凯和张处长这两位客人？

我来说：

_____

_____

_____

_____

_____。

知识链接

一、接待准备礼仪

迎接，是给客人形成良好第一形象的最重要工作。在接待工作中，把迎宾工作做好，对来宾表示尊敬、友好与重视，来宾就会对东道主产生良好印象，从而为下一步深入接触打下基础。在迎宾工作中，要注意做好以下前期准备工作。

（一）掌握基本状况

接待员一定要充分掌握来宾的基本状况，尤其是主宾的个人情况，如姓名、性别、年龄、籍贯、民族、单位、职务、专业、偏好等，必要时还需了解其婚姻、健康状况、政治倾向与宗教信仰等。如果来宾尤其是主宾曾经来访过，则在接待规格上要注意前后一致，无特殊原因不宜随便升格或降格。来宾如报出自己一方的计划，比如来访的目的、来访的行程、来访的要求等，应在力所能及的前提下满足其特殊要求，尽可能给予照顾。

（二）确定接待规格

接待的规格应根据客人的具体情况而定，一般不可过高，也不可过低，以接待者身份与来访者身份对等为宜。具体采用什么接待规格，由主人确定。接待规格必须事先确定，安排好接待人员，避免出现客人到来后无人接待的尴尬场面。接待规格主要有以下几种。

1. 高格接待

即接待人员比来访人员身份高的接待。如果上级单位派人向下级单位口授指示、意见，兄弟单位派人来商谈重要事宜，下级单位有重要事情请示，这些情况，都要作高格接待，领导要适时出面作陪。

2. 对等接待

即接待人员与来访人员身份大体相等的接待，这是接待工作中最常见的。一般来的客人是什么级别，本单位也应派相应级别的同志接待作陪。

3. 低格接待

即接待人员是比来访人员身份低的接待。比如上级领导从地方路过或外地来的参观团等情况，都可作低格接待处理。这种接待中要特别注意热情、礼貌。

（三）制订具体计划

为了避免疏漏，一定要制订详尽的接待计划，以便按部就班地做好接待工作。接待计划主要包括以下内容。

1. 确定接待规格

即确定本次接待应由哪位高层管理者出面（主陪）、其他陪同者、住宿、用车、餐饮的规格等。

2. 日程安排

包括来访的起止时间、每天的活动内容等。日程安排要具体，包括日期、时间、活动内容、地点、陪同人员等内容，一般以表格的形式列出。

3. 经费预算

根据接待规格、人员数量、活动内容作出接待费用的预算。接待经费包括：工作经费、住宿费、餐饮费、劳务费、交通费、礼品费、宣传公关费等。有时，客人的住宿费、交通费等要由客人一方支付，就要把所需费用数目与日程安排表一起提前寄给对方。接待经费从何而出，也是要落实的问题，特别是由两个以上单位联合接待时，从开始筹划起就要确定经费来源问题。

4. 工作人员

根据接待规格和活动内容确定工作人员的构成和数量。这些工作人员要做好来访前的准备工作、来访期间的联络沟通、协调服务工作。重要的团体来访，秘书一个人是无法承担所有的准备工作的。在接待计划中，要确定各个接待环节的工作人员，为了使大家对自己的工作心中有数，要保证所有人员都准确地知道自己在此次接待活动中的任务，提前安排好自己的时间，保证接待工作顺利进行，可制作相应的表格，印发给相关人员。

（四）确认抵达时间

来宾到访时间有时因其健康状况，或因紧急事务缠身，或因天气变化、交通状况等影响，难免会有较大变动。因此，接待方务必要在对方正式启程前与对方再次确认一下抵达的具体时间，以便安排迎宾事宜。

二、迎宾礼仪

（一）迎宾人员

一般来说，迎送人员与来宾的身份要相当，如果己方当事人因临时身体不适或不在当地等原因不能前来迎送，也可灵活变通，由职位相当的人士或由副职出面，遇到这种情况，应从礼貌出发向对方做出解释。迎宾人员最好与来宾专业对口。

（二）迎宾地点

来宾的地位身份不同，迎宾地点往往有所不同。一般情况下，迎宾的常规地点有：交通工具停靠站（机场、码头、火车站等），来宾临时住所（宾馆），东道主的办公地点门外等。在确认迎宾地点时，还要考虑一下因素：双方的身份、关系及自身的条件。

（三）迎宾时间

到车站、机场去迎接客人，应提前到达，决不能迟到让客人久等。客人刚下飞机或下车就能看见有人等候，一定会感激万分；如果是第一次到这个城市，还能因此获得一种安全感。如迎宾来迟，会使客人感到失望和焦虑不安，还会因等待而产生不快，事后无论怎样解释都可能无法消除这种失职和不守信誉的印象。

（四）迎宾标志

如果迎接人员与客人素未谋面，一定要事先了解一下客人的外貌特征，最好举个小牌子去迎接。小牌子上尽量不要用白纸写黑字，这样会给人晦气的感觉；也不要写"××先生到此来"，而应写"××先生，欢迎您！""热烈欢迎××先生"之类的字样；字迹力求端正、大方、清晰，不要用草书书写。一个好的迎宾标志，既便于找到客人，又能给客人留下美好印象——当客人迎面向你走来时会产生自豪感。在单位门口，不要千篇一律地写上"Welcome"一词，应根据来宾的国籍随时更换语种，这样会给来宾一种亲切感。

三、待客礼仪

（一）待客"3S"原则

接待客人要热情友好，应遵守"3S"原则。

"3S"是指 Stand up，Smile，See（eye-contact），即起立、微笑、目视对方（眼神的接触）。当客人到达时，接待人员应热情接待客人，做到"3S"。

Stand up，用身体语言表示欢迎之意，起立是最基本的礼貌。不管客人的年龄和辈分怎样，对方刚刚到达时，需要站起来欢迎对方。

Smile，微笑的魅力总是无穷的，当客户到达时，微笑的表情会把欢迎和欣喜之意传递给对方。没有人会介意别人善待自己，当然，如果客人讲到什么悲惨的事件，就要配合面部表情，不能一味地微笑了，以免被误认为嘲笑或讽刺。

See（eye-contact），目中有人，聚精会神，正视客人，让客人感觉自己受到重视，感觉到主人在倾听他的发言。如果你起身、微笑，却不看着对方，那么客人会觉得你之前的动作与他无关，通过眼神才能真正把你的诚意传达给对方。

（二）引导

到办公室来的客人与领导见面，通常由公关人员引见、介绍。在引导客人去领导办公室的路途中，工作人员要走在客人左前方数步远的位置，忌把背影留给客人。在陪同客人去见领导的这段时间内，不要只顾闷头走路，可以随机讲一些得体的话或介绍一下本单位的大概情况。

在进领导办公室之前，要先轻轻叩门，得到允许后方可进入，切不可贸然闯入，叩门时应用手指关节轻叩，不可用力拍打。进入房间后，应先向领导点头致意，再把客人介绍给领导，介绍时要注意措辞，应用手示意，但不可用手指指着对方。介绍完毕走出房间时应自然、大方，保持较好的行姿，出门后应回身轻轻把门带上。

（三）奉茶

我国历来就有"客来敬茶"的民俗（图7-1）。最基本的奉茶礼仪就是客人来访马上奉茶，奉茶前应先请教客人的喜好，如有点心招待，应先将点心端出，再奉茶。

1. 端茶不可随意

有的人端茶比较随意，一把拈住杯口或用一只手端杯，递到客人面前，这么做对长辈或客人是不够尊重的。一般情况下，要用两只手端杯，包含对客人的诚意与尊敬两层意思。端茶首先要保持身体的协调性，然后双手保持平衡：一只手托住杯底的一个点，另一只手则扶住杯子的下半部分，手指不可触及杯口。最好使用茶盘与茶托端茶。

图7-1

2. 注意奉茶的先后顺序

一般顺序为：其一，先为客人上茶，后为主人上茶；其二，先为主宾上茶，后为次宾上茶；其三，先为女士上茶，后为男士上茶；其四，先为长辈上茶，后为晚辈上茶；若来宾人数较多，且彼此年龄差别不大时，则采取以进入客厅之门为起点，按顺时针方向一次上茶最为妥当。

3. 敬茶的细节要到位

双手端着茶盘进入客厅，首先将茶盘放在邻近客人的茶几或桌上，然后右手拿着茶杯的杯托，左手附在杯托附近（若无杯托，应右手拿着茶杯的中部，左手托着杯底），从客人的左后侧用双手将茶杯递上去，注意尽量避免从客人的正前方上茶，这样不礼貌。茶杯放置到位之后，杯耳应朝向外侧。递茶的同时一定要轻声说："请您用茶。"如果上茶时客人正在聊天或者有所打扰的情况下，应先道一句"对不起"，再送上一句"请您用茶"。为客人斟茶时，水不能倒得太满，俗话说"茶七酒八""茶满欺人"，沏茶待客以七分满为宜。

（四）陪车

陪车的礼仪原则：陪车时应遵循"客人为尊、长者为尊"的原则。

图7-2

1. 上车的礼仪

公关人员应让车子开到客人跟前，帮助客人打开车门，然后站在客人身后，请客人上车。若客人中有长辈，还应扶其先上，自己再行入车内（图7-2）。

2. 入座的礼仪

乘坐轿车时，通常有两种情况：当有专职司机开车时，后排的座位应让尊长坐（后排若为二人座，右边为尊；三人座，则右座为尊，左边次之，中间座再次），晚辈或地位较低者，坐在司机边上的座位。

如果是主人自己开车，要请主宾坐到主人的右侧，即前排右侧的位置，也就是副驾驶的位置。

乘坐中大型面包车时，前座高于后座，右座高于左座；距离前门越近，座次越高。为客人关车门时，要先看清客人是否已经坐好，切忌关门过急，损伤客人。

3. 下车的礼仪

公关人员应先下车，然后帮助客人打开车门，等候客人或长者下车。

四、送客礼仪

中国人常说："迎人迎三步，送人送七步。"接待工作顺利完成后，后续的送客工作也很重要。做好送别工作，关键在于一个"情"字。具体而言，送别时应注意以下礼仪。

（一）提出道别

日常接待活动中，宾主双方由谁提出道别是有讲究的。按照常规，道别应当由客人先提出来，假如主人先与来客道别，难免会给人厌客、逐客的感觉。

（二）道别用语

宾主道别，彼此使用一些礼貌用语表达惜别之情，最简单、最常用的莫过于一声亲切的"再见"除此之外，"您走好""有空多联系""多多保重"等也是得体的送别用语。

（三）送别的表现

一般客人告辞离去，接待人员将其送至门口，说声"再见"即可。如果上司要求你代其送客，则应视需要将客人送至相应地点：如果对方是常客，通常应将其送至门口、电梯门口或楼梯旁、大楼底下、大院门外；如果是初次来访的贵客，则要陪伴对方走得更远些。如果只将客人送至会议室或办公室门口、服务台边，则要说声"对不起，失陪"，目送客人走远；如果将客人送至电梯门口，则宜点头致意，目送客人至电梯门关合为止；若将客人送至大门口或汽车旁，则应帮客人携带行李或稍重物品，并帮客人拉开车门，开门时右手置于车门顶端，按先主宾后随员、先女宾后男宾的顺序或客人的习惯引导客人上车，同时向客人挥手道别，祝福旅途愉快，目送客人离去。在送别的过程中，切忌流露出不耐烦、急于脱身的神态，以免给客人匆忙打发他走的感觉。

拓展训练

分小组创作并拍摄接待工作情景剧，可自编自导，或请老师指导，设计某一接待场景，如接待来访客人，向领导引见客人，送客人去机场，接待领导的朋友等。时间以5~10分钟为宜，编辑制作后在课堂上播放欣赏和评价。

任务评价

实训评价表

评价项目	评价标准	分值	自评分	小组评分	综合得分
准备礼仪	接待规格确定合理	10			
	接待计划制订合理	10			
迎接礼仪	迎宾人员热情、友好	10			
	迎宾标志适用、美观	10			
待客礼仪	充分体现考核要点。包括待客"3S"原则，引导手势正确，用语规范，奉茶顺序正确，动作、用语规范，陪车位次准确、合乎规范	15			

评价项目	评价标准	分值	自评分	小组评分	综合得分
综合表现	场景设计合理、道具准备充分、适用	15			
	课件制作适用、美观，讲解流畅，展示效果好	15			
	演练中成员态度认真，表情自然	15			
总分		100			
努力方向		建议			

公关礼仪训练

任务8 拜访礼仪

任务目标

● 在交际中能做好拜访前的准备。

● 能以正确的言谈举止进行拜访。

任务情境

李敏在完美服饰公关部工作，她准备去拜访顺达公司的市场部经理孙军先生。李敏事先预约的时间是本周三下午三点。事先李敏准备好了有关的资料、名片，并对顺达公司及孙军先生进行了了解。拜访前李敏对自己的仪容、仪表进行了精心、得体的修饰。到了周三，李敏提前五分钟到达顺达公司。在与孙军先生交谈的过程中，李敏简明扼要地表达了拜访的来意，交谈中能始终紧扣主题，给孙军先生留下了很好的印象，最终促成了合作。

任务解析

在人际交往过程中，相互拜访是经常的事，如果懂得拜访礼仪，无疑会为拜访活动增添色彩。正如"任务情境"中的李敏，其规范得体的拜访礼仪促成了双方的合作。本节任务涉及的相关知识和技能主要包括拜访前的礼仪、拜访中的礼仪。拜访礼仪的操作要点见表8-1。

表8-1　拜访礼仪的操作要点

操作项目	操作要求
拜访前的准备	（1）拜访前一定要了解对方的基本情况 （2）拜访前应先写信或打电话预约 （3）拜访前要准备有关资料，设计好拜访的流程 （4）拜访前要仪表端庄、衣着整洁
拜访中的礼仪	（1）拜访他人可以早到却不能迟到，要守时践约 （2）到了拜访对象的家门口或办公室，要先敲门或按门铃，在被允许进入或者主人出来迎接时才可以进去 （3）若是初次见面，拜访者必须主动向对方致意，简单地做自我介绍，然后热情大方地与被拜访者行握手之礼。如果双方已经不是初次见面了，也要主动问好致意 （4）交谈要随机应变，处理得当。当对方发表自己的意见时，不能打断对方讲话，要耐心倾听；拜访时间不宜拖得太长，要适时告辞

训练内容

【情境训练】

（1）分组讨论：任务情境中李敏拜访客户前做了哪些准备工作？模拟演练拜访前李敏电话预约孙军见面的场景。

（2）分小组模拟演练李敏拜访孙军的场景。

（3）分组讨论：你的上司很欣赏你的才华，周末邀你去家中做客，并盛情挽留你与他的家人共进晚餐，你应该注意哪些拜访礼仪？

（4）分小组设计场景，模拟演练到亲朋好友家中拜访的场景。

（5）分小组设计场景，模拟演练因公务拜访的场景。

（6）分小组设计拜访情景剧，模拟演练并录像。在演练过程中要体现拜访前的礼仪、拜访中的礼仪。结合录像，制作课件，课堂展示。

训练手记：

案例1

在米店工作一年后，王永庆在父亲的帮助下，自己在嘉义县城开了一家很小的米店。但是米店的经营在开张之初显得很不顺利，因为城里的居民都喜欢在自己熟识的米店里买米。针对这样一种情况，只有20岁的王永庆主动一家家拜访附近的居民，一户一户地说动人家试用他的米。在这个过程中，王永庆注意自己的仪容仪表、言谈举止，用良好的形象以及诚恳的态度去打动被访者。在拜访的过程中，王永庆还注意收集人家的用米情况和库存量，一旦估算到顾客的米快用完时，王永庆就主动把米送到顾客家中，并主动把缸里的陈米掏出来，把新米放在陈米的下面。经过这样细致入微的商务拜访和贴心服务，王永庆的米店经营情况得到了改善，营业额远远超过了同行。

思考：结合案例分析，拜访时应注意哪些问题？

我来说：

_____

_____

_____

_____。

案例2

麦克具有丰富的产品知识，对客户的需要很了解。在拜访客户以前，麦克总是先掌握客户的一些基本资料，然后以打电话的方式和客户约定拜访的时间。今天是星期四，下午4点刚过，麦克精神抖擞地走进办公室。他今年35岁，身高1.83米，深蓝色的西装上看不到一丝的皱褶，浑身上下充满朝气。从上午7点开始，麦克便开始了一天的工作，除了吃饭的时间，始终没有闲过，下午五点半还有一个约会。麦克利用下午四点至五点半这段时间，开始打电话，和客户约定拜访的时间，为下星期的推销拜访预做安排。打完电话，麦克拿出数十张卡片，卡片上记载着客户的姓名、职业、地址、电话号码资料以及资料的来源。卡片上的客户都居住在市内东北方的商业区内。麦克选择客户的标准包括客户的年收入、职业、生活方式和嗜好。麦克的客户来源有3种：一是现有客户提供的新客户的资料；二是麦克从报刊上的人物报道中收集的资料；三是从职业分类上寻找客户。在拜访客户以前，麦克一定会先弄清有关信息，想拜访某公司的执行副总裁，但不知道他的姓名，麦克会打电话到该公司，向总机人员或公关人员请教副总裁的姓名。知道了姓名以后，麦克才进行下一步的推销活动。麦克拜访客户是有计划的，他把一天当中要拜访的客户都选定在某一区域之内，这样可以减少来回奔波的时间。根据麦克的经验，利用45分钟的时间做拜访前的电话联系，即可在某一区域内选定足够的客户供一天拜访之用。麦克下一个要拜访的客户是国家制造公司董事长比尔西佛。麦克正准备打电话给比尔先生，约定拜访的时间。

做好拜访前的准备工作让麦克成为一名优秀的业务员。

思考：

（1）麦克拜访客户有哪些秘诀？

（2）本案例对你有何启示？

我来说：

_____

_____

_____

_____ 。

知识链接

一、拜访前的礼仪

（一）了解情况

拜访前对拜访对象进行了解是必要的，特别是初次登门，一定要了解对方的基本情况。

（二）事先预约

不要做不速之客，拜访前应先写信或打电话预约，这是最基本的礼仪。一般情况下，应提前三天给拜访者打电话，简单说明拜访的原因和目的，确定拜访时间，经过对方同意以后才能前往。

（三）悉心准备

1. 明确拜访目的

无论是初次拜访还是再次拜访，都要事先明确拜访的主要目的。

2. 准备有关资料

商务拜访，比如客户拜访，要准备的资料一般包括公司及业界的资料、相关产品资料、客户的相关信息资料、销售资料及方案、针对可能出现的情况事先拟定的解决方案或应对方案、一些小礼品等。此外，名片、电话号码等也要事先准备好。

3. 设计拜访流程

要针对拜访环节准备好最稳妥、最得体的称呼和开场白，选择好话题材料，确定话题范围等。

4. 电话预约确认

出发前应致电被拜访者，再次确认本次拜访人员、时间和地点等事宜。

5. 注意礼仪细节

到达前，最好先整理服装仪容。如果是重要的拜访对象，要事先关掉手机，这体现了对拜访对象的尊敬，对访问事宜的重视。

（四）服饰整洁

肮脏、邋遢、不得体的仪表，是对被拜访者的轻视。被拜访者会认为你不把他放在眼里，对拜访效果有直接影响。为了对主人表示敬重之意，拜访时一定要仪表端庄、衣着整洁。一般情况下，登门拜访时，女士应着深色套裙、中跟浅口深色皮鞋配肉色丝袜；男士最好选择深色西装配素雅的领带，外加黑色皮鞋、深色袜子。此外，着装还要与所拜访对象的身份相符合。

二、拜访中的礼仪

（一）守时践约

拜访他人可以早到却不能迟到，这是一般的常识，也是拜访活动中最基本的礼仪之一。早些到可以借富裕的时间整理拜访时需要用到的资料，并正点出现在约定好的地点。而迟到则是失礼的表现，不但是对被访者的不敬，也是对工作不负责任的表现，被访者会对你产生看法。

值得注意的是：如果因故不能如期赴约，必须提前通知对方，以便被访者重新安排工作。通知时一定要说明失约的原因，态度诚恳地请对方原谅，必要时还需约定下次拜访的日期、时间。

（二）文明敲门

到了拜访对象的家门口或办公室，要先敲门或按门铃，被允许进入或者主人出来迎接时才可以进去。敲门的声音应适中，声音太大会让对方认为你不够礼貌，声音太小则对方不容易听到；按门铃也是一样，应在按一声之后等待一会儿，如对方没有回应，再按一次，切不可急躁。

（三）登门有礼

主人开门邀请进屋时，应礼貌询问主人是否要换鞋，并要询问鞋的放置（有的家庭是放在门外而不是地垫上）。夏天进屋后再热，也不应脱掉衬衫、长裤；冬天进屋再冷也应脱下帽子、手套，有时还应脱下大衣和围巾，切忌说冷，以免引起主人误会。雨天携带雨具拜访时，进屋前就应向主人征询雨具该放在什么地方。

进屋以后，应主动向所有人打招呼、问好，或适当寒暄；对陌生人也应点头致意，按主人指点的座位入座，不可以见座位就坐。

当主人上茶水时，应欠身双手相接，并致谢。如茶水太烫，应等其自然凉了再喝，必要时也可将杯盖揭开，放置杯盖时，盖口一定要朝上。切忌将茶水用嘴边吹边喝，喝茶时应慢慢品饮，不要一饮而尽，也不要发出声响。

无论是到办公室还是到家中拜访，一定要"客听主安排"，应充分体谅主人。到达拜访单位后，首先要告知工作人员，自己的姓名、工作单位及要拜访的对象，并静候工作人员通报。

（四）举止得体

见面后，打招呼是必不可少的。如果双方是初次见面，拜访者必须主动向对方致意，简单地做自我介绍，然后热情大方地与被访者握手（图8-1）。如果双方已经不是初次见面了，主动问好致意也是必需的，这样可显示出你的诚意。握手时要注意：如果对方是长者、领导或女性，自己绝对不能先将手伸出去，这样有抬高自己之嫌，同样可视为对他人不敬。

图8-1

见面礼行过以后，在主人的引导下，进入指定房间，待主人落座以后，自己再坐在指定的座位上。

在接待室等候时，应尽量坐着。被访者进来后应马上站起来，握手寒暄。

（五）交谈有方

交谈要随机应变，处理得当。谈话切忌啰唆，简单的寒暄是必要的，但时间不宜过长。因为，被访者可能有很多重要的工作等待处理，没有很多时间接见来访者，这就要求，谈话要开门见山，简单的寒暄后直接进入正题。

当对方发表自己的意见时，打断对方讲话是不礼貌的行为。应该仔细倾听，将不清楚的问题记录下来，待对方讲完以后再请求就不清楚问题给予解释。如果双方意见产生分歧，一定不能急躁，要时刻保持沉着冷静，避免破坏拜访气氛，影响拜访效果。

（六）适时告辞

在商务拜访过程中，时间为第一要素，拜访时间不宜拖得太长，否则会影响对方其他工作的安排。如果双方在拜访前已经设定了拜访时间，则必须把握好约定的时间；如果没有对时间问题做出具体要求，那么就要在最短的时间里讲清所有问题，然后起身离开，以免耽误被访者处理其他事务。

商务拜访一般以半小时左右为宜。在拜访目的基本实现或达到预约的时间时，应先说一段有告别意义的话后起身告辞，忌在对方刚说完一段话后起身告辞。

三、拜访注意事项

（1）约好拜访对象后，无论是有求于人还是人求于己，都要从礼节上多多注意，不可失礼于人，损害自己和单位的形象。

（2）拜访应选择适当的时间。

（3）到达拜访地点后，如果与接待者是第一次见面，应主动递上名片，或作自我介绍，对熟人可握手问候。

（4）讲究敲门的艺术。

（5）如果接待者因故不能马上接待，可以在其安排下，在会客厅、会议室或前台安静地等候，有抽烟习惯的人，要注意观察该场所是否有禁止吸烟的警示。

（6）主人接待时，主人不让座，客人则不要随便坐下。

（7）与被访者的意见相左时，不要争论不休。

拓展训练

完美服饰有限公司和大连市的环宇商贸公司长期有合作关系，本月中旬环宇商贸公司的李明经理要来本市参加一个洽谈会。完美服饰的王经理得知后，打算和秘书李敏去拜访李经理。

分小组模拟演练王经理和李敏到酒店拜访李经理的场景。

任务评价

实训评价表

评价项目	评价标准	分值	自评分	小组评分	综合得分
拜访前的准备	准备充分，包括对对方的了解、材料的准备，预约，仪容、服饰的准备	15			
拜访中的礼仪	拜访中守时践约、文明有礼、举止得体、交谈有方，适时告辞	20			
综合表现	场景设计合理、道具准备充分、适用	15			
	课件制作适用、美观，讲解流畅，展示效果好	20			
	组织严密，小组成员间配合较好	10			
	演练中成员态度认真，表情自然，知识点演示全面	20			
总分		100			
努力方向		建议			

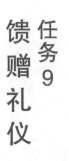

任务9 馈赠礼仪

任务目标

● 能够恰当地选择礼品。

● 能够规范地赠送礼品。

● 能够得体地接受礼品。

 任务情境

为期3天的考察让新疆的客人对完美服饰非常满意，双方签下了一笔大单，王经理非常高兴。明天新疆的客人就要离开，王经理让李敏给客人准备礼物，以表谢意和友好。李敏按王经理的要求，跑了好多家商店，终于买好了：三个景泰蓝花瓶、三个制作精美的毛主席像章、高档烟酒。她让服务员一一用绿色的包装盒装好，并用红色丝带捆扎后，赶回公司。王经理一看李敏买回来的礼品，非常生气，批评了李敏，立即让她把一些礼品退回，一些重新包装。李敏很委屈，她到底做错了什么？

 任务解析

现代人际交往中，馈赠礼物是不可缺少的交往手段。"礼尚往来，往而不来，非礼也，来而不往，亦非礼也。"亲友和商务伙伴之间的正当馈赠是礼仪的体现，感情的物化。在正常的交际活动中，用以增进友情的合理、适度赠礼与受礼是必要的。

从"任务情境"中的案例可以看出，李敏在选择礼品时没有很好地重视礼品的差异性，才遭到了王经理的批评。在交际中馈赠礼品的礼仪是非常重要的，怎样选择礼品？怎样赠送礼品？怎样接收礼品？怎样拒收礼品？对于这些礼仪知识，公关人员必须扎实掌握。馈赠礼仪的操作要点见表9-1。

表9-1 馈赠礼仪的操作要点

操作项目	操作要求
选择礼品	（1）选择的礼品有纪念性、特色性、针对性 （2）选择礼品时重视礼品的差异性

操作项目	操作要求
赠送礼品	（1）礼品包装有特色 （2）送礼的时机适宜 （3）送礼途径合适
接受礼品	（1）当友人向自己赠送礼品时，一般应当大大方方、高高兴兴地接受下来 （2）受礼人在接受礼品时，一般应当着送礼人的面，拆启礼品的包装，然后认真地对礼品进行欣赏，并对礼品适当赞赏 （3）不能接受他人相赠的礼品，在拒绝时，也要注意分寸，讲究礼仪

训练内容

【情景训练】

（1）班里某一个同学要过生日，你们想为他准备一件生日礼物，分小组进行讨论送什么礼物？模拟讨论现场，并说出选择礼物的理由。

（2）分小组模拟演练李敏和王经理赠送新疆客人礼品的场景。

（3）完美服饰公司的一个重要的广州客户王凯一家来本市旅游，王经理让李敏准备一份礼物。假如你是李敏，你将如何选择礼品。

（4）分小组模拟演练李敏到王凯一家人下榻的酒店赠送礼品的场景。

（5）分小组自主设计场景，模拟演练拒收礼品的场景。

（6）每3~5人为一个小组，创作并拍摄馈赠礼品的情景剧，可自编自导，或请老师指导，设计某一馈赠场面，时间以5~10分钟为宜，结合视频，制作课件，课堂展示。

训练手记：

案例1

来自天堂的宝贝

奥黛丽·赫本的儿子肖恩说，母亲并非一个"堕入尘间的精灵形象"，生活中的她是一个喜欢烹调，画画和养狗的普通人。有一篇《影星与狗》的文章记载了一件感人的事情：国际著名影星奥黛丽·赫本十分爱狗，多年来一直养着一只叫杰西的长耳小猎犬。白天，杰西那无忧无虑的品性，令奥黛丽·赫本感到平和亲切，夜晚杰西暖融融地依偎在赫本的脚边，伴她入睡。然而，有一天，杰西误吃了毒药，很快就死了，赫本爱犬心切，竟无法控制自己，一连数日，终因为悲伤过度而一病不起。这时，她的朋友托人给她送来一只小狗，小巧玲珑，毛色白亮，十分可爱。它给赫本无限的慰藉，赫本说："它不仅使我恢复了健康，也赐予了我无限的幸福，它真是来自天堂的宝贝。"

思考：

（1）奥黛丽·赫本为什么说朋友赠送的小狗是"来自天堂的宝贝"？

（2）馈赠时应注意哪些原则？

我来说：

_____

_____

_____

_____。

案例2

麦琪的礼物

美国作家欧·亨利在其著名的小说《麦琪的礼物》里讲了这样一个故事：一位女士十分想在圣诞节来临时送给丈夫一份礼物，她盼望能买得起一条表链，以匹配丈夫祖上留下的一只表，因为没有钱，她把自己秀丽的长发剪下来卖了。圣诞之夜，妻子对丈夫献上了自己的礼物——一条精美的表链。丈夫也在惊愕之中拿出了他献给妻子的礼物，竟是一枚精致的发卡。原来，丈夫为给妻子买礼物把自己的表卖了。这时，他们紧紧地拥抱在一起，彼此的爱成为圣诞之夜唯一的却是最珍贵的礼物。

这对夫妻献给对方的礼物，在此时似乎已毫无效用，然而并非如此，它们不仅升华了他们之间的爱，使他们得到了最大的精神满足；而且更激发了他们战胜生活困难，追求幸福生活的决心和意志。有这样的情和爱，世上还有不可克服的困难和不可逾越的生活难关吗？

思考：结合案例讨论，如何为他人选购礼品？

我来说：

_____

_____

_____

_____ 。

知识链接

一、选择礼品的礼仪

在礼品的挑选上，要对送礼对象的爱好、兴趣做些简单的调查，因人而异，投其所好。此外，还要注意对方的风俗习惯、宗教信仰，了解一下对方基本的忌讳。挑选赠送礼品时，一般要恪守四项准则。

（一）突出礼品的纪念性

交往中，送礼依然要讲究"礼轻情义重"。有时，"江南无所有，聊赠一枝梅"，往往更受对方欢迎。过于贵重的礼品易使对方产生不安，很可能会让受礼者产生受贿之感。

（二）体现礼品的特色性

从交往对象的心理分析看，具有当地地方特色和民族特色的东西是最好的。有人曾说，"最有民族特色的东西，往往是最好的"，这样的礼品在他们看来也是最具有纪念意义的。

（三）明确礼品的针对性

送礼的针对性，是指挑选礼品时应当因人、因事而异。因人而异，指的是选择礼品时，务必要充分了解受礼人的性格、爱好、修养与品位，尽量使礼品得到受礼人的欢迎。因事而异，则指的是在不同的情况下，向受礼人所赠送的礼品应当有所不同。比方说，在国事访问中，宜向国宾赠送鲜花、艺术品。出席家宴时，宜向女主人赠送鲜花、土特产和工艺品，或是向主人的孩子赠送糖果、玩具。探望病人时，则宜向对方赠送鲜花、水果、书刊、CD等。

（四）重视礼品的差异性

向人赠送礼品，是绝对不能有悖对方的风俗习惯。因此，务必要将此视为送礼之时的大事，此即礼品的差异性问题。要解决好这一问题，就要了解受礼人所在地区的风俗习惯，在挑选时，主动回避对方有可能存在的下述六个方面的禁忌：一是与礼品种类有关的禁忌；二是与礼品色彩有关的禁忌；三是与礼品图案有关的禁忌；四是与礼品形状有关的禁忌；五是与礼品数目有关的禁忌；六是与礼品包装有关的禁忌。这六个方面的禁忌，有时亦称"择礼六忌"。

二、赠送礼品的礼仪

赠送礼品，不仅要重视具体品种的选择，而且一定要注意赠送礼品时的方法。从某种意义上讲，采取适当的方式把礼品赠送出去，在整个礼品馈赠过程中要比礼品的选择更为重要。礼品的赠送一般应注意以下几点。

（一）重视礼品的包装

以前，中国人送礼，只重货色，不重包装。不管多么高档的礼品，大都"赤条条来去无牵挂"，或者顶多用报纸一包，硬纸盒一装了事。这种做法，有不尊重、不重视交往对象之嫌。精美的包装不仅使礼品的外观更具艺术性和高雅的情调，并显现出赠礼人的文化和艺术品位，而且还可以使礼品产生和保持一种神秘感，既有利于交往，又能引起受礼人的兴趣和探究心理及好奇心理，从而令双方愉快。好的礼品若不讲究包装，不仅会使礼品逊色，使其内在价值大打折扣，使人产生"人参变萝卜"的缺憾感，而且还易使受礼人轻视礼品的内在价值，而无谓地折损了礼品所寄托的情谊。有鉴于此，送给外国友人的礼品，一定要事先进行精心的包装，对包装时所用一切材料，都要尽量择优而用。与此同时，送给外国人礼品的外包装，在其色彩、图案，形状乃至缎带结法等方面，都要与尊重受礼人的风俗习惯联系在一起考虑。

（二）把握送礼的时机

在交往中，由于宾主双方关系不同，具体所处的时间、地点以及送礼目的不同，送礼的具体时机自然也不能千篇一律。依照国际惯例，把握送礼的最佳时机是非常重要的，并应对具体情况进行具体的分析。在会见或会谈时，如果准备向主人赠送礼品，一般应当选择在起身告辞之时。向交往对象道喜、道贺时，拟向对方赠送礼品，通常应当在双方见面之初相赠。出席宴会时向主人赠送礼品，可在起身辞行时进行，也可选择餐后吃水果之时。观看文艺演出时，可酌情为主要演员预备一些礼品，并且在演出结束后登台祝贺时当面赠送。游览观光时，如果参观单位向自己赠送了礼品，最好在当时向对方适当地回赠一些礼品。为专门的接待人员、工作人员准备的礼品，一般应当在抵达当地后尽早赠送给对方。

（三）区分送礼的途径

送礼的途径，是指如何将礼品送交受礼人。在社会交往中，送礼的途径主要分为两种：一种是当面亲自赠送；另一种则是委托他人转送。这两种送礼的途径往往适用于不同的情况。有时，他们各自往往还有某些特殊的要求。在一般情况下，送给外国友人的礼品。大都可以由送礼人亲自当面交给受礼人。有些时候，例如，向外国友人赠送贺礼、喜礼，或者向重要的外籍人士赠送礼品，亦可专程派遣礼宾人员前往转交，或者通过外交渠道转送。如果有必要，礼品可以提前送达受礼人的手中。通常，送给外国人礼品时，尤其是委托他人转送给外国人礼品时，应附上一张送礼人的名片，它既可以放在礼品盒之内，也可以放在一封写有受礼人姓名的信封里，然后再设法将这个信封固定在礼品的外包装之上。有可能的话，尽量不要采用邮寄的途径向外国人赠送礼品。

三、接受礼品的礼仪

（一）接收讲礼仪

在接收交往对象的礼品赠送时，要认真地加以对待（图9-1）。接收礼物时，西方国家的朋友喜欢当面打开，而且讲几句赞赏的话。在接收他人所赠送礼品时，应从容大方，友善有礼，且不可忸怩作态或手足无措，亦不可漠然待之，无动于衷。在接收友人赠送的礼品，应注意以下几个方面。

图9-1

1. 欣然接受

当友人向自己赠送礼品时，一般应当大大方方、高高兴兴地接受下来，不要过分地进行客套。接受赠送的礼品时，应当起身站立，面带笑容，以双手接过礼品，向对方道谢。在接受礼品时，面无任何表情，用左手去接礼品，接受礼品后不向送礼人致以谢意，都是非常失礼的表现。

2. 启封赞赏

在国际社会，特别是在许多西方国家中，受礼人在接受礼品时，通常会当着送礼人的面，立即拆启礼品的包装，然后认真地对礼品进行欣赏，并且对礼品适当地赞赏几句。这种中国人以前难以接受的做法，现在已经逐渐演化为受礼人在接受礼品时必须讲究的一种礼节。在许多国家，接受礼品之后若不当场启封，或是暂且将礼品放在一旁，都会被视为失礼之至。在涉外交往中接受礼品时，对此务必要予以注意。

3. 事后再谢

接受对方赠送的礼品后，尤其接受了对方所赠送的较为贵重的礼品后，最好在一周之内写信或打电话给送礼人，向对方正式致谢。若礼品是由他人代为转交的，则上述做法更是必不可缺的。以后有机会再与送礼人相见时，不妨在适当之时，再次当面向对方表示一下自己的谢意。或者是告诉对方，他送给自己的礼品，自己不仅十分喜欢，而且经常使用。这种令对方感到他的礼品"物有所值"、备受重视的做法，会令对方极其开心。

（二）拒绝讲分寸

有时候，出于种种原因，不能接受他人相赠的礼品。在拒绝时，也要注意分寸，讲究礼仪。

1. 婉言相告

受赠人应该采用委婉的、不失礼貌的语言，向赠送者暗示自己难以接受对方的礼品。比如，当对方向自己赠送手机时，可告知："我已经有一台了，谢谢。"当一位男士送舞票给一位小姐，而对方打算回绝时，可以这么说："今晚我男朋友也要请我跳舞，而且我们已经有约在先了。"

2. 直言相拒

采取直言缘由法，也就是直截了当、所言不虚地向赠送者说明自己难以接受礼品的原因。在公务交往中拒绝礼品时，此法尤其适用。比如，拒绝别人所赠的大额现金时，可以讲："我们有规定，接受现金馈赠一律按受贿处理。"如果是比较贵重的礼品，可以说："按照有关规定，您送我的这件东西必须登记上缴，您还是别破费了，事情能办我会尽力的。"

在回绝的方式上不仅可以当面谢绝，还可以采用事后退还法。有时，拒绝他人所送的礼品，若是在大庭广众之下进行，受赠者往往有口难张，赠送者也会尴尬异常。遇到这种情况，可采用事后退还法加以处理。但是一定要注意别破坏包装，如果其中包括一些易坏的食品，就别往回送了，或者给人家买点新鲜的送回去，或者以价值相当的礼物回赠给人家。但要注意的是，事后归还应该在当天把礼物送回去，不要拖得太久。

拓展训练

广西南宁市的卓越电脑公司和青岛的环宇电脑公司拟进行技术合作，共同开发电脑软件。双方在青岛合作会谈非常顺利。合作会谈临近尾声，环宇公司公关部的李经理特地为远道而来的卓越公司刘总经理一行5人每人准备了一袋海产品，作为礼物赠送给对方。

分小组模拟演练环宇公司的李经理馈赠礼品的场景。

任务评价

实训评价表

评价项目	评价标准	分值	自评分	小组评分	综合得分
赠送礼品	礼品包装有特色	10			
	赠送礼品的时机、途径选择合适	15			
接受礼品	接收礼品文明大方	15			
	拒收礼品注意分寸、讲究礼仪	15			
综合表现	场景设计合理、道具准备充分、能够体现设计思想	15			
	组织严密，小组成员间配合较好	15			
	演练中成员态度认真，表情自然，知识点演示全面，能够体现设计思想	15			
总分		100			
努力方向		建议			

项目三
职场礼仪训练

 项目概述

　　职业是个人融入社会，实现社会价值，承担责任的重要途径。求职搭建了从校园到职场的桥梁，得体规范的求职礼仪可以帮助我们更好地把握住每一次机会，开始我们的职业生涯。求职成功后，要在职场做得更好，走得更远，不仅需要扎实的专业知识，也离不开得体的礼仪，它能帮助我们更快地融入社会并获得良好的人际关系。

　　本项目围绕求职应聘礼仪、办公室礼仪、通信礼仪、文书礼仪、离职礼仪五个方面进行针对性的训练和学习，帮助你在求职面试以及工作中展现得体规范的礼仪。

 项目分解

　　本项目主要包括：
- 任务10　求职应聘礼仪
- 任务11　办公室礼仪
- 任务12　通信礼仪
- 任务13　文书礼仪
- 任务14　离职礼仪

任务10

求职应聘礼仪

任务目标

● 结合招聘要求，能够准备一份恰当的求职简历。

● 能够针对应聘职位进行得体的仪表服饰准备。

● 面试中能够展现大方得体的谈吐和举止。

任务情境

丁晓珊是一名中等职业学校文秘专业毕业的学生，在校期间是学生会礼仪队的成员，除了积极参加学生会组织的各项活动外，她利用课余时间参加了成人高考，2006年被当地一所大学成教学院录取，专业是经济法，主要利用晚上和周末时间上课。2008年中职毕业时，正赶上当地知名的衡达律师事务所招聘主任助理，面试后，她得到了试用的机会，最终成为正式员工。

与众多的大学毕业生竞争，并且第一次求职就获得成功，无疑是幸运的。丁晓珊谈起自己成功应聘的经历时，首先肯定简历起了很大的作用，为自己赢得了面试的机会。中专毕业年仅19岁的她当时找了数十份简历的模板，在广泛借鉴的基础上形成了自己严谨朴实却又清新别致的简历，表述中突出了自己在文字录入和语言表达方面的优势，介绍了自己具备从业优势的实践和学习经验。

面试安排在下午1点开始，所有应聘者在接待室等候面试，有的人紧张得坐立不安走来走去，有的坐在接待室的椅子上聊天，丁晓珊拿起了旁边书报架上关于该律师事务所的资料仔细研读起来。

双方的交流在一种自然、平和的状态下开始，她在回答面试官问题的基础上，展示了自己在专业学习上的精益求精以及大方得体的谈吐和举止，也给对方留下了兴趣广泛，精力充沛和热爱生活的印象。

丁晓珊的求职应聘中有哪些是值得我们借鉴的经验？

任务解析

丁晓珊以自己的经历证明良好的个人素质和潜力或许比名校的学历更有说服力。求职应聘其实是一个自我推销的过程，戴尔·卡耐基曾说过"推销自己是一种才华，一种艺术。"求职者通过应聘资料、语言、仪态举止、着装打扮等方面体现出来的求职面试礼仪是求职者在求职过程中应有的礼貌行为和仪表仪态规范，对于能否应聘成功起着非常重要的作用。

求职应聘前要对自己有明确的定位，了解招聘单位和职位的基本情况，然后根据岗位特点制作独具特色的简历；针对具体的应聘要求，结合个人实际做好仪表服饰方面的准备，并且能够在面试中展现得体的谈吐举止。求职应聘礼仪的操作要点见表10-1。

表10-1　求职应聘礼仪的操作要点

操作项目	操作要求	操作标准
求职准备	（1）拟写简历	简历格式规范，内容简洁凝练、突出重点
	（2）服饰和仪表	服饰仪表整洁美观，符合个人气质与招聘职位特点
	（3）了解应聘单位信息，设想可能遇到的问题	对个人有明确的定位
求职面试	（1）提前到达	以10~15分钟为宜
	（2）得体等候	保持安静，手机静音
	（3）礼貌进入面试场所	轻敲门，得体应对
	（4）坐姿	允许后入座，占座位2/3，自然放松，符合性别特点
	（5）举止	得体，避免下意识的小动作
	（6）眼神	适当注视，避免长时间凝视和躲闪
	（7）微笑	自然放松
	（8）聆听	恰当回应，不随意打断
	（9）谈吐	从容镇定，忌信口开河
	（10）结束时的礼节	礼貌致谢，安静离开

训练内容

【情境训练】

（1）分组讨论并阐述：丁晓珊求职应聘经历中值得借鉴的方面，并说明理由。

（2）结合个人工作的意向通过报纸、网络或其他途径搜集一则招聘启事，在组内交流基础上推选一则大家感兴趣的招聘启事展开训练。

① 根据招聘单位的有关信息，分析招聘启事中所提供岗位的要求以及个人具备的条件和优势。

② 根据招聘启事的要求，思考个人在求职前，应该做好哪些方面的准备。

③ 根据招聘启事的要求，拟写个人简历，小组内交流并修改。

④ 根据招聘启事的岗位特点，结合个人条件进行着装和仪表方面的分析与准备，组内交流并改进。

（3）以下是应聘者在求职中经常遇到的一些问题，如果是你将如何回答？

你看好我们公司的哪些方面？

如果你获得了这个职位，你能为公司做什么？

你如何评价自己？

相比其他应聘者，你认为自己的优势是什么？

你还有问题要问吗？

训练手记：

_____。

【案例讨论】

案例1

一位教师带领学生前往天工陶艺公司应聘，总经理是该教师的大学同学。工作人员为每位学生倒水，席间有女生表示自己只喝红茶。学生们在有空调的大会议室里坐着，欣然接受服务，没有半点客气。总经理办完事情回来后，向学生们的等候表示歉意，只有一名同学回答"没关系"，其他同学没有吭声。当工作人员送来单位的笔记本纪念品时，总经理亲自双手递送给每位同学，学生们大都伸手随意接过，没有起身，也没有致谢。从头到尾，只有那个应答的同学起身双手接过工作人员递过来的茶和老总递过来的笔记本，并礼貌地说了声"谢谢，您辛苦了"。

最后只有这位同学收到了公司的录用通知。有的同学很疑惑甚至不服："他的成绩并没有我好，长相也很普通，凭什么让他而不让我去？"其实，是他们自己关闭了通行的大门，失去了老师创造的机会。

思考：

（1）结合案例分析这些同学失去机会的原因，分析有哪些行为是不合乎礼仪规范的。

我来说：

_____

_____

_____

_____。

（2）模拟上述情境，结合礼仪规范的要求，分组进行合乎礼仪规范的角色扮演。

案例2

吴涛顺利通过了用人单位的前几道招聘程序，初试结束时应聘者已经所剩无几，最后一关是与用人单位领导面谈。面谈中，领导多次提示他："不要着急，放松些。"但他急于表现自己在专业上的能力，常常是领导的话还没有说完，就表示明白领导要表达的意思了，并按照自己的理解做了回答。

面试很快结束了，吴涛回到学校等待录用的消息，结果落聘了，他这才意识到自己在面试中出了问题。

思考：

（1）结合案例分析面试过程中应注意哪些细节。

（2）你认为吴涛在面试过程中有哪些不当之处？

我来说：

_____

_____

_____

_____。

案例3

小李去一家外企进行最后一轮总经理助理的面试。为确保万无一失，这次她做了精心的打扮。一身前卫的衣服、时尚的手链、造型独特的戒指、亮闪闪的项链、新潮的耳坠，身上处处是焦点。她的对手只是一个相貌平平的女孩，学历也并不比她高，所以小李觉得胜券在握。结果却出乎意料，她并没有被这家外企所认可。主考官抱歉地说："你确实很漂亮，你的服装配饰也令人赏心悦目，可我觉得你并不适合助理这份工作，实在很抱歉。"

思考：

（1）结合案例分析面试着装应该注意哪些问题。

（2）请为小李设计合适的面试着装。

我来说：

_____

_____

_____

_____。

知识链接

一、求职准备礼仪

（一）制作简历

1. 简历的形式

简历是求职的"敲门砖"，是求职者与用人单位的"第一次接触"。在众多的简历资料中，那些在30秒内抓住招聘者眼睛的简历会被留下来，90%的简历在30秒内就会被搁置一边。求职者利用招聘网站提供固定格式的简历表格，内容大同小异，缺乏求职者个人的特色也不容易吸引招聘者的注意。

面试者没有见到本人之前，对求职者形成的印象主要来自简历。简历是自我介绍的媒介，求职者应在简历中，用恰当表述呈现出自己的优势和独特，让招聘方形成"非你莫属"的印象。

作为刚从学校毕业的求职者来说，可以参考众多优秀简历模板，撷取他们在形式和表达上的优点并融会贯通，加入自己的智慧，针对应聘公司的特点，修正简历的内容与表现形式，形成体现自我风格特色的简历。外资公司通常对外语水平要求较高，不妨突出自己这方面的专长和经验；外资公司中的日资公司往往喜欢中规中矩的表现方法，比较重视细节，对于简历版面的整洁、视觉的舒服度以及条例式的介绍要求比较高；普通集团式大企业对相关的工作经验要求高，且通常喜欢严谨、简洁大方的语言表述形式；广告公司偏向喜欢大胆创新的表现方法，如果用特色有创意或者影像式、表演式的介绍自己的方式往往让简历有较高的识别度，容易引起招聘负责人的注意。

应聘者在英语方面比较自信，确保能使用纯正、标准的英语书写简历，即使对于没有要求英文简历的公司，能够附上英文简历也可能获得潜在加分，但不标准的英文简历可能适得其反。

除非应聘者对自己亲笔书写的文字很有把握，保证他们的确整齐漂亮，否则使用电脑文档处理是更为稳妥的做法。简历上的字不要太小，不建议使用小于5号的字体，字间距不能过小，同一份简历不要出现超过三种的字号、字体以及粗细程度。

2. 简历的内容

求职简历有表格形式的，一般是面试时公司让应聘者现场填写的；也有自荐信形式的，一般是面试者根据招聘信息主动寄发的。两者共同的部分是求职简历的正文，求职简历的正文主要包括三个方面：个人的基本情况介绍；个人的学历情况概述（主要的学习历程、在校期间获奖情况、爱好和特长、所担任职务等）；个人的工作经历或实践经历（介绍曾经工作过的单位名称、职位、个人工作成绩、培训或深造就学情况、工作变动情况以及职务升迁情况）。

拟写时应该浓缩个人履历的精华部分，写得简洁精练，真实并突出重点。简历后面，可以附上代表个人成绩或能力的复印件，这些复印件能够给用人单位留下深刻的印象。

3. 简历拟写的要求

填写公司面试时提供的表格式简历要注意字迹工整清楚，尽量避免涂画，表述要条理清晰，注意层次。

寄发的求职应聘简历还要注意以下几个方面：称呼要得体（要特别注意接收简历人的姓名和职务，书写要准确，马虎不得，称呼对于形成第一印象以及这份求职信件的效果有着直接影响。在不熟悉用人单位有关人员的情况下，可以称呼职务头衔，如"某某公司负责人""某某公司经理""某厂长"。称呼不要给人"套近乎"或阿谀、唐突的印象）；问候要真诚；正文要叙事准确、文笔流畅、字迹工整，并根据实际情况恰当措辞；祝颂要体现对收信人的祝愿或钦佩，可以套用约定俗成的方式。

简历寄发用的信封除了注明收信人地址、邮政编码、姓名以及发信人地址和姓名外，还要恰当选用对收信人的礼貌语词，姓名后可加上职衔或根据性别加上先生、女士等。

（二）面试的服饰和仪表准备

第一次见面要给人留下整洁、美观、大方明快之感。主考官往往能通过应聘者的服饰和仪表联想到求职者将来工作时的精神状态。招聘单位不同，对服饰的要求也会有所不同。国家机关要求整洁端庄，涉外单位要求漂亮明快，工厂企业要求朴素大方。总体而言，服饰的基本要求是：整洁、大方、合身、得体，符合季节特点，符合年龄和个性气质，适合应聘职业的要求，做得像个"在位人"。仪表的基本要求就是：干净、整洁。仪容修饰要适度，面试前要精心梳理，除去头屑和头饰中闪亮的饰物。如果戴近视眼镜应擦干净镜片，女士一般不留披肩长发，头发盘起或扎起来更合适；男士不留长发、不烫卷发，不留胡须，这样会显得非常精干。仪表修饰要得体，面试时所穿衣服，务必没有污痕、破损，尤其是领口和袖口要干净无瑕。女士忌过分摩登、怪异、新奇，尤其不要穿露肩、露背、露腰的服装，可选择大方整洁的素雅套装以及肉色长裤，黑色或与套裙配色的中跟皮鞋，首饰佩戴要少；男士不要穿T恤、牛仔裤、运动鞋，最好是合身，穿着舒服但并不昂贵的深色西服，白色衬衫，系单色领带，穿深色线袜、黑色皮鞋。

（三）求职面试时常见的五个问题

综合面试的经验来看，面试时有五个问题是经常涉及的。

1. 你为什么选择我们公司？

两名文秘专业的毕业生，同校同班，一同应聘公司办公室文员职位。A说："我毕业于××中等专业学校文秘专业，19岁，平均成绩90分，班级排名第一，是校学生会主席，组织过很多社团活动，还是学校义卖形象大使。我爸爸是局长，有广泛的人脉。我的爱好是游泳、看书。"B说："我关注贵公司很久了，很清楚你们公司的业务是……做办公室文员必须有很好的沟通表达能力，我除了平时在校认真学习专业课外，还利用寒暑假到旅行社实习；贵公司文员要做好有关的文案工作，我平时注意练笔，给校广播站和杂志社投稿，现在已发表多篇文章。"或许A看起来很优秀，但B对公司和职位显然更有热情，更用心。

2. 你能为我们做什么？

有时候面试官会问你："你在校都学了哪些专业课？""除了这些，还会什么？"很多人回答"我学了××课"，这个答案缺乏创意，对面试官来说，他并不是问你会什么，而是问你能为公司做些什么。如果把回答修改为"我可以利用写作技能帮公司做好一些文案工作"就会更好一些。

3. 你是什么样的人？

这等于是在问："你了解自己吗？你的价值观是否和我们一致？""你必须清楚地知道我把你招进来，能把你用在什么地方。"这个问题还会以"你最害怕的一件事""最不喜欢的工作环境""你最喜欢什么样的老板""你最崇敬的一个人是谁，对你的影响是什么""你的优点和缺点是什么"等形式出现。

4. 你与竞争同一职位的其他人有何区别？

这个问题的潜台词是"你的优势是什么""为什么我要雇用你"。时常有人回答岗位要求的能力：我有良好的沟通能力、团队合作精神、人际交往能力、组织协调能力……这样回答很难让面试官满意，因为岗位要求了这些能力，所有进入面试的候选人都具备了大同小异的沟通能力、团队合作精神，这已经不是你的优势了，要讲那些别人没有、只有你有的。

5. 你还有什么问题要问我吗？

通常许多学生会问工资、培训这些问题，事实上这不是最好的选择。招聘者的问题有时间顺序，从遥远的过去递进到最近、到现在、再到未来。这个问题就是个典型的关注未来的问题，你要关注的是工作本身，而不是公司能为你提供什么，所以"这份工作最大的挑战是什么""如果我被公司雇用做这份工作，我需要注意些什么"这类回答都是不错的选择。

面试官往往比较关心以上问题，他们想从回答中选择公司需要的人才。一个面试者心理是否健康也可以从这里表现出来，所以在面试前我们一定要结合所面试的公司来认真思考这几个问题，不一定非要做到对答如流，但是必须做到真诚。

二、求职面试礼仪

面试，是为了更深入地了解求职者的情况，判断求职者是否符合工作要求而进行的招聘人员与求职者之间的面对面接触。礼仪能够体现出一个人的素质，这也是用人单位对求职者的考核内容。有时用人单位甚至会安排一些出乎意料的情境，考察求职者在自然状态下的素质和修养，所以求职者不仅要具备良好的礼仪，更需要在平时就养成良好的习惯，做一个生活的有心人。

（一）面试前的礼仪

1. 提前到达

一般来说提前 10~15 分钟为宜。最好在面试前能够去一趟洗手间，再次梳理一下头发，整理一下着装，擦拭一下皮鞋，对着镜子给自己一个肯定、自信的微笑。

2. 得体等候

在面试单位与人交谈时要使用礼貌用语。等候期间保持安静和正确的坐姿，不要来回走动，也不要和其他求职者聊天。最好在进入面试单位之前就关闭手机或设置为静音，不宜大声接打电话或忙着发短信、玩手机游戏，不宜抽烟、嚼口香糖。

3. 轻敲门、慢关门（除非有专人引导）

进入面试房间前要敲门，一般以两三下为宜，如果门是关着的，以里面听得见的力度敲，听到"请进"时，回答"打扰了"方可进门；如果门是开着的，也要先轻轻地敲两三下，获得同意后，再进入房间。进入房间后，不要随手关门，要转过身正对着门，轻轻合上。

4. 学会等待、适时问好

进入面试房间合上门后，回过身面向面试官上半身前倾30度左右鞠躬行礼，面带微笑问好，然后报上自己的名字。如果进门后面试官正在埋头整理或填写资料，不要贸然和面试官打招呼。有时，面试官会主动要求你等一会儿，要表现出理解和合作，在一旁静候不要东张西望，探头探脑。

5. 学会握手

面试官主动朝你伸手时，要正确地运用握手礼，最好不要用两只手去握住面试官的手，这是很不专业的表现。

（二）面试中的礼仪

面试中要着重注意以下六个方面，可以在面试前针对以下方面进行有意识的训练。

1. 坐姿

面试官没有招呼你坐之前，不可以擅自坐下。等听到"请坐"时，要回答"谢谢"方可坐下。入座后要注意坐姿：男性就座时，双脚踏地，双膝之间至少要有一拳的距离，双手可分别放在左右膝盖之上。女性在面试入座时，双腿并拢斜放一侧，双脚可稍有前后之差，如果两腿斜向左方，则右脚放在左脚之后；如果两腿斜向右方，则左脚放置右脚之后。若女性穿着套裙，入座前应收拢裙边再就座，坐下后，上身自然挺直，略向前倾，双膝并拢，目光平视面试官。坐稳后，身子一般占座位的2/3，两手掌心向下，自然放在两腿上，两脚自然放好，面带微笑保持自然放松。如果需要挪动椅子，一定要把椅子抬起来，轻拿轻放，不要拖动椅子发出噪声。

2. 举止

注意举手投足的礼仪举止，特别要避免一些下意识的小动作，如：挤压手指关节、玩手指、挠头、摸耳、转笔、掩口等小动作，要避免这些小动作最好在日常的生活中就注意培养得体的行为举止。面试交谈时，无论是从卫生角度还是从文明礼貌角度来考虑，都应该与人保持一定的距离，一般与主考官保持一两个人的距离最为适宜。这样做，既让对方感到亲切，同时又保持一定的"社交距离"，在人们的主观感受上，这也是最舒服的。倘若交谈时忽然想打喷嚏、清喉咙，要转过身"行事"，最好是取出手帕或餐巾纸捂住口，做过之后要表示歉意。

3. 眼神

眼神可以传达一个人的自信，也可以表达出对面试者的尊重。要正视对方，把目光集中在对方眼睛和鼻子之间的三角位置上移动，其他面试官在场，说话时眼神也要照顾到他们，注视的时间以停留在问话人脸上5~7秒为宜，避免长时间凝视，也不要刻意躲闪或回避面试官的眼神，以免留下不自信的印象。

4. 微笑

保持自然的微笑，能消除紧张，展现自信，提升外部形象。

5. 聆听

认真聆听，适时作出恰当回应，不要随意打断别人或抢着发言，这样很容易留下无礼、急躁、轻浮，甚至缺乏教养的坏印象。

6. 谈吐

要从容镇定，有问必答。对于考虑后确实答不出的问题，可以坦率承认；没有经过认真考虑切忌信口开河，文不对题，否则会给人一种无内涵的感觉；有时面试官考的并不是问题本身，而是你的谈吐和应对。除了面试官的提问，尤其是面试官主动提出你有什么问题时，应该抓住时机问清一些问题，提得好，会增加面试官的好感。

（三）面试结束礼仪

1. 察言观色，掌握面试收尾的时机

面试是有限定的谈话，求职者要善于从面试官行为的微妙变化，领会面试官的无声语言，判断面试的进程，适时提出收尾，或留出时机让面试官收尾，适时告辞，留下美好的回忆让面试官品味，比拖延时间的疲劳战术要高明得多。

2. 面试结束时要有礼貌

面试官示意面试结束时，应微笑、起立、道别，表示感谢，拿好随身物品，走到门旁先开门，转过身有礼貌地鞠躬行礼，再次表示感谢和道别后，转身轻轻退出房间，轻轻将门关上，如有人送，请对方"留步"。

3. 离开考场不忘风度

走出面试房间，在走廊和用人单位的其他场所，要保持安静、礼貌。忌谈论面试过程，也不能马上打电话，更不要高谈阔论或者垂头丧气。遇到工作人员，主动点头致谢，并道别。

4. 面试后不忘感谢

面试后用书信、邮件或者电话表示感谢，费不了多少时间，但很多人意识不到这一点，也许机会就这样错失了。应聘归来后，最好在24小时内发出感谢的书信或邮件，内容要简洁，字迹要清楚，布局要美观，开头提及你的姓名及简单情况，然后是面试时间，并对面试官表示感谢，中间部分重申你对该单位、职位的兴趣，重申希望在该单位工作的原因和热诚，也要谈到你在面试中的感受和收获。

拓展训练

选择一则大家感兴趣的招聘启事，分组模拟表演面试的情境。

提示：

（1）参与训练的同学可以分成两组，轮流担任面试人员和应聘人员；

（2）面试小组可邀请有经验的教师或工作人员参加，应首先做好面试情境的方案设计，明确面试的内容和主要问题以及各成员的分工；

（3）不同面试小组独立准备面试方案，方案应包括对面试人员的简历、服饰仪表、面试中的谈吐进行恰当的评价与反馈；

（4）应聘人员应针对职位的要求，准备简历、仪表与服饰，并对面试中可能涉及的问题以及有关礼仪进行针对性的准备。

任务评价

实训评价表

评价项目	评价标准	分值	自评分	小组评分	综合得分
简历	格式规范，内容突出个人优势，有创新，符合职位要求	5			
仪表与服装	服装整洁得体，符合职位特点	5			
	仪表修饰得体，自然美观，体现职业特点	5			
面试礼仪	提前到达，礼貌等候	10			
	礼貌进入面试场所	10			
	坐姿端正，自然	10			
	举止得体，有礼貌	10			
	眼神适当交流，不慌张	10			
	微笑自然，适度	10			
	聆听认真，抓住要点	10			
	谈吐紧扣面试，展现个人优势，优雅得体	10			
	把握结束时机，给面试方留下良好印象	5			
总分		100			
努力方向		建议			

任务 11 办公室礼仪

任务目标

● 立足专业学习的实践，逐步形成从业意识，做好就业的准备。

● 能够通过办公室内恰当得体的行为举止展示良好的个人素质。

● 遵守与同事相处的礼仪和禁忌，在工作中建立良好的人际关系。

任务情境

衡达律师事务所的同事都知道，丁晓珊的办公桌绝对是最有特点的：桌面整洁，文件放置有条理，领导需要的材料总能顺手就拿出来，相关的专业书籍整齐地摆放在旁边的书架上，办公桌旁的窗台上一盆观叶植物总是嫩绿而又充满生机。自从丁晓珊来了以后，办公室的公用冰箱内物品摆放整齐，再没有出现清洁不及时，发出异味影响使用的情况，同事需要帮忙的时候，在不影响本职工作的前提下她都能及时伸出援手。平时对待领导和同事的肯定与赞扬，没有露出半点自负和骄傲之态，能以学习者的心态在工作中积累经验，提升自己。同事们都说她的到来直接提升了大家的生活质量。

丁晓珊在办公室的行为举止给本人的工作带来了哪些有利影响呢？

任务解析

办公室里的言行举止体现了一个人的自尊、才华，得体的办公礼仪不仅能树立个人和公司的良好形象，也关系到一个人的职业前程和发展。要明确办公室个人空间保持整洁有序的必要性，要时刻检查办公环境是否整洁，桌子上是否堆满了文件和杂物，即使抽屉和柜子里也要摆放整齐便于取放和查找，装饰要符合自己和公司的特色，能够反映自己的兴趣爱好或生活情趣，并要杜绝负面的暗示。办公室成员要力所能及地参与公用区间的维护，遵守公用区间设施使用的礼仪，同事相处要保持恰当的分寸，工作要认真细致。

结合办公室礼仪的有关内容，反思个人在物品整理、公用场所遵守礼仪的情况，以及与他人的相处中是否遵守了待人接物的规范。通过训练，在日常生活中养成个人物品有序摆放的好习惯，并能够在公共场合杜绝不良举止和谈吐。办公室礼仪的操作要点见表11-1。

表11-1 办公室礼仪的操作要点

操作项目	操作要求	操作标准
办公室一般礼仪	（1）办公室布置	整洁、舒适，忌堆放物品
	（2）遵守工作纪律	守时，提前10分钟到达，不干私事
	（3）良好的职业形象	通过言语、行动、仪表体现职业度
	（4）公共空间使用	右行礼让，节约爱惜，有序使用，保持卫生
	（5）办公室交流	忌谈不利团结的话题，如薪水、谈论他人隐私等
同事交往礼仪	（1）注意称呼	称谓得体，忌绰号
	（2）尊重同事	尊重他人隐私，不私自动用他人物品
	（3）真诚待人，注意合作	理解宽容，困难时伸援手，互相鼓励和帮助
	（4）公平竞争，权责分明	忌抬高自己贬低同事，忌恶性竞争
	（5）言谈得体，注意沟通	忌悄悄话，忌满腹牢骚，忌炫耀
	（6）经济往来明晰	不贪占他人便宜，及时归还与答谢

训练内容

【情境训练】

（1）检查自己的桌面是否整洁、材料是否摆放有序，个人所用空间的地面墙面是否整洁，反思个人是否注意个人空间的整洁，发现存在的问题并整改。

（2）利用实训场地，分组进行办公环境的整理和布置，小组之间进行评价和交流。

（3）情境表演。

一天中午，一名员工大声喊："办公室的冰箱坏了！大家看看自己的物品坏了没有？"从那天起，各员工都知道冰箱坏了，却没有人清理已经变质的东西。过了一个星期，有外宾来访，陈秘书要拿饮料招待客人，他一打开冰箱就闻到一股臭味，于是大声问道："是谁的东西没有清理？"此后的一段时间，冰箱成了办公室的废物。

提示：分角色表演以上情境，可以再现情境，可以创新形成新的情境，体会实际工作中的办公室礼仪，思考怎样做一个受人欢迎的职场人士。

训练手记：

_____

_____ 。

【案例讨论】

案例1

汪鹏在一家体育用品企业销售部工作。他本身是一名体育爱好者，擅长篮球、羽毛球、乒乓球、游泳等体育项目，精力充沛、业绩突出的他在工作上得到了领导的赏识。为了能在午休和下班后直接到单位员工俱乐部大显身手，他把自己的运动装备都堆到了办公室里。一位客商到汪鹏工作的企业采购体育服装和器材，来到他的办公室后，客商拿起了汪鹏的篮球服和乒乓球拍，评价说："篮球服做工不错，拍子质量也好，就是有点脏了，应该注意保养并经常更换新的。"很显然，客商把他的办公室当成了一个不成功的产品展示区。

思考：汪鹏的行为有哪些不当之处，应如何整改？

我来说：

_____

_____

_____

_____ 。

案例2

公司总经理助理张小姐22岁时加盟到这家港资公司，从创业到公司今天的规模，张小姐功不可没。总经理非常认可她的工作能力，很多公开场合都表达了自己的赏识，工作上很重视她的意见。李萌进入这家公司后与张小姐在工作上有很多关联，一开始不太习惯张小姐的一些做派，但李萌看到了张小姐业务方面的精通，确实不是一日之功，她以谦逊的态度与张小姐接触和交流，发现张小姐其实内心很孤单，加上平时公司同事对她敬而远之，她也感觉很苦恼。感情上的沟通拉近了李萌和张小姐的距离，得力于张小姐的指导和帮助，李萌的工作能力有了很大的提升。

思考：

（1）李萌处理同事关系的方式有哪些值得借鉴的地方？

（2）你认为工作中应该如何处理同事关系？

我来说：

_____

_____

_____

_____ 。

案例3

侯华在办公室做文员，性格内向，平时不太爱说话，每当别人就某件事征求她的意见时，说出的话总像在"揭短"。有一次同事穿了一件新衣服，午间休息时征求她对衣服的意见，侯华直接说"你身材太胖，穿着不好看"。甚至还说"这颜色你穿有点艳，根本不适合"。此话一出，当事人很尴尬，旁边称赞衣服的人也有些下不来台。

思考：

（1）侯华的评价有何不妥？

（2）针对上述情况，你认为应当怎样表达自己的评价？

我来说：

_____

_____

_____

_____ 。

知识链接

一、办公室一般礼仪

人人都希望有一个愉快的工作环境，愉快的工作环境有助于事业的成功。美国著名的成功学大师卡耐基曾经说过"一个人事业上的成功等于15%的专业技术加上85%的人际关系和处事技巧"。办公室虽然是一个小小的空间，但却有一个大的公众环境。一言一行，都体现了你的自尊、才华、自信和发展状况，个人可以从以下几个方面做起，展示良好的办公室礼仪。

（一）办公室布置

办公室是日常办公和洽谈业务的场所，要整洁、舒适，能够为自己和他人形成良好的心理暗示，产生愉悦的心情。办公桌上不要堆放太多的物品，要确保有序摆放，同时要保持地面干净。

（二）严格守时

迟到是工作的大忌，上班前应该把诸多影响正点到达的因素考虑在内。上班的时间应该是开始工作的时间，而不是进门的时间，一般要提前十分钟到岗。

（三）保持良好的个人形象

与工作环境匹配的个人形象，体现的是一个人的专业度。西方学者艾伯特·马布蓝（Albert Mebrabian）教授指出：在一个人的整体表现上，言语的表达只能引起其他人7%的注意，表达这些话的语气和肢体语言，却具有38%的影响力；他看起来的样子和他表达的内容是否相称，则占了55%的决定性。因此，掌握93%的形象管理，能够将一个人的内在专业度展现出来。穿着邋遢，过分修饰，在办公室内化妆无疑是不恰当的形象管理策略。

国外曾经做过一项男性主管穿衣对其管理影响力的调查：参与调查的主管分成两组，一组穿短袖衬衫上班，一组穿传统的长袖衬衫。结果显示，穿长袖衬衫主管的秘书，上班认真程度远高于穿短袖衬衫主管的秘书。这项调查结果从侧面反映出形象体现一个人对自己的定位，影响到个人的心理状态，也间接对别人形成心理暗示。

（四）办公时间内不要干私事

私人事情不要带到办公室做，不要在办公的时间看小说，不做与工作无关的事，更不要因为个人的私事，打扰公司其他员工的工作，或者因为私事占用公用设施影响其他人的工作进度和效率。利用网络便利，从事个人私事如购物、股票交易等，占用工作时间，甚至影响到自己的工作职责是很不负责任的职场表现。

（五）办公室公共区间的礼仪

（1）使用电梯时，要遵守上下电梯的礼仪。使用专人控制的电梯，礼让他人，不要抢，进入电梯后可以帮忙按下要去的楼层按钮。使用无人控制的电梯时，先行进入电梯，一手按开门按钮，另一手按住电梯侧门，请客人或领导进电梯，如果有人为你扶门要道谢。上电梯后，如果后下，站在靠后一点的地方比较合适。

（2）使用楼梯时，要右行礼让，在楼梯上不便交谈的事项，最好到目的地后再交流，可以避免他人因不便而尴尬，或影响交流的正常进行。

（3）使用会议室时，如果桌面或地上脏乱，离开时应清理干净，使用会议室的文具要放回原位，饮料纸杯等要放入垃圾桶，物品应放置整齐。

（4）使用传真机等公用办公设备时要节约爱惜，注意先来后到的使用顺序，使用完毕，带走个人原件，有关物品要回复原位并清理带走产生的垃圾。

（5）公共空间使用后要保持清洁，不要乱扔垃圾，也不要在公共场合抽烟，影响他人健康。不要在公用空间高谈阔论，不要议论公事或议论别人。

（六）办公室谈话的注意事项

不要在办公室谈论薪水问题，这不利于员工的团结，也不利于老板利用薪资区别调动员工的工作积极性；不要谈论私人生活问题，不要议论别人，也最好不要谈及自己的个人隐私，避免事后后悔，或者带来意想不到的麻烦；不要讲野心勃勃的话，这等于在职场中公开向同事挑战，低姿态有时是职场自我保护的好方法；不要谈涉及家庭财产之类的话题，不该说的不说，即使你刚买了别墅或者假期去欧洲玩了，有些快乐，分享的圈子越小越好，因为被人嫉妒也容易招人算计。

二、同事交往礼仪

在一天的工作中，大部分时间是和同事在一起。同事之间相处得如何，不仅对工作环境有影响，还直接关系到自己的工作，事业的进步和发展。同事关系融洽、和谐，人们就会感到心情愉快，有利于工作的顺利进行。同事之间存在合作与竞争的关系，使得同事关系具有微妙、复杂的特点，遵循同事间的交往礼仪，对工作和生活都会有帮助。

（一）注意称呼

好的称呼，不仅能够给人留下鲜明的印象，也能营造良好的气氛，也能判断人与人之间的亲疏远近程度，不能小看称呼的社交效应。人与人之间直呼其名是最亲切、最随便的一种称呼，但只限于长者对年轻人或者关系亲密的人。年纪较小的人对年纪较大、职务较高的人直呼其名是没有礼貌的，可称"老李""老王"或以职称相称。

办公室相处除非特别亲密，或有褒义，本人又喜欢的绰号可适度使用外，其余尽量不用为好。

（二）尊重同事

处理好复杂的同事关系，必须懂得尊重他人。要尊重同事的隐私，隐私是关系到个人名誉的问题，背后议论别人的隐私会损害其名誉，可能造成同事间关系的紧张。同事在写东西、阅读书信或打电话时，应避开，做到目不斜视，耳不旁听。同事不在或未经允许的情况下，不要随便动用他人物品，如果确属急用，最好让其他同事看到或留个便条致歉。

（三）真诚待人，紧密合作

同事间要真诚相待，相互理解，相互宽容，这样的一个办公集体，才能成为使人心情舒畅的大家庭。同事有困难时，应主动询问，伸出援手，请求同事帮忙时要委婉不强求；同事受挫时，应真诚安慰，鼓励帮助他走出困境；当同事间发生误会时要有度量，要主动说明情况，积极沟通消除误解，对同事的错误要能容纳，耿耿于怀对人对己都无益处。对年长的同事要多学多问，对年轻的新人要多帮助、多鼓励。

（四）公平竞争，权责分明

同事间有合作也免不了竞争，应提倡在工作上多进行公平竞争，促进工作的开展；在物质利益和日常琐事中则要少竞争，更不能贬低同事抬高自己，甚至踩着别人往上爬。与同事相处应坚持尊重，配合的原则，明确权责，尽量施展自己的才华，但不轻率侵犯同事的业务领域。不要过分表现自己，更不要组建自己的小集团，制造流言蜚语中伤竞争对手。做事要尽力而为，量力而行，踏踏实实做好本职工作，不让别人有诋毁自己的机会，努力创造更多与同事沟通的机会，增加同事间的感情，合作中实现良性竞争。

（五）言谈得体，注意沟通

与同事交谈时，一定要注意语言有分寸、得体。工作场合要保持良好的情绪，即使遇到挫折、饱受委屈、得不到上级信任，与同事交谈也不要满腹牢骚，不要把痛苦和经历当做谈资，这样会让人退避三舍。谈论自己和别人时，不要滔滔不绝，要观察对方反应来决定谈话是否继续。工作场合不要说悄悄话，影响人们的工作情绪，也容易招致反感。与同事相处时，不要得理不饶人，喜欢在嘴巴上占便宜，争上风，不利于同事间的交往，也不要过分炫耀自己的功绩和经历。一个好的倾听者才是一个好的谈话者，善于倾听表现出的是尊重和关心，善于倾听的人能拥有最多的朋友。

（六）经济往来，一清二楚

　　同事之间相互借钱、借物、馈赠礼品或请客吃饭，要清楚明白，提醒自己及时归还或答谢，无论有意或无意占人便宜都会令对方不快，也影响同事间的关系。

拓展训练

　　易佳公司是一家房地产中介公司，李芳是办公室秘书，负责办公室内勤、客户接待和业务分配等工作。请选择和布置文秘实训场地，模拟李芳开始上班，以及开展工作和下班的情景。

　　提示：

　　（1）可以具体考察房产中介公司秘书的工作环境和内容，分组设计情景表演的方案，明确角色的分工，注意表演的灵活与机动。

　　（2）方案设计以及表演的评价中，可以参考以下要素。

- 头发是否干净整齐?指甲是否过长?
- 衬衫、外套是否清洁?
- 皮鞋是否光亮、无灰尘?
- 清晨上班时是否相互打招呼?
- 上班5分钟前是否已到座位上?在走廊内有无奔跑?
- 办公时有无窃窃私语?对办公用品和公共物品是否爱护?
- 离开座位外出时，有无留言、告知去处?
- 午休或下班时，有无整理办公台面?
- 在茶水间、洗手间、走廊内有无站着闲谈?
- 有无在办公室进食?有无在办公室吸烟?
- 有无向正在工作的人突然发问?
- 公共物品使用后有没有整理?发现垃圾等杂物有无主动捡起?
- 有无按公司规定着装、佩戴胸牌?
- 下班时有无相互打招呼后才离开公司?

实训评价表

评价项目	评价标准	分值	自评分	小组评分	综合得分
办公室一般礼仪	办公环境整洁干净有序	15			
	着装修饰得体，遵守工作纪律，保持良好职业形象	20			
	维护公用区间的卫生与使用要求，遵守公用空间的秩序	20			
	注重工作效率和方法	15			
同事交往礼仪	称谓恰当	10			
	礼貌待人，言谈得体	10			
	注重合作与沟通	10			
总分		100			
努力方向		建议			

通信礼仪 任务12

任务目标

- 恰当规范地使用电话、手机、网络，展现商务通信中的得体礼仪。
- 利用电话，手机商务沟通过程中语言表达流畅，思路清晰，办事准确。
- 熟练运用电话和手机通信的技巧，提高办事的效率。

 任务情境

"如何接电话"，目前是国际上许多公司培训员工职业化程度的一项内容。微软公司的员工拿起电话，第一句话往往是"你好，微软公司！"有一次，微软一个分公司举行庆祝会，员工们在一家宾馆住宿。深夜，因为活动日程临时变动，前台服务员挨个打电话通知。第二天，她面露惊奇的和同事交流："你知道吗？我给每个房间打电话，至少有50个电话的第一句话是：你好，微软公司！"深夜迷迷糊糊接电话，依然如此，足见微软文化的力量，同时也显示了微软人的职业水准。

接电话是我们生活中经常做的事却成为职业培训的内容，你如何理解？

任务解析

在所有电子通信手段中，电话是出现最早也是至今使用最广泛最便利的手段，电话不仅仅是传递信息、获取信息、保持联络、增进感情的工具，也是所在单位或个人形象的载体。

在商务交往中接打电话，通过语言、声调、内容、态度等因素传递的通话人的形象，不仅体现出个人的素质和待人接物的态度，也代表着通话者所在单位的整体礼仪规范水平。得体规范的使用电话，不仅要注意使用的场合，关注通话内容的质量，还应该在语言、语气、表达方式等方面多加训练，形成良好的通话习惯。通信礼仪的操作要点见表12-1。

表12-1　通信礼仪的操作要点

操作项目	操作要求	操作标准
接电话	（1）迅速接听	铃响三声之内最好，迟接要表示歉意
	（2）态度谦和，积极反馈	主动问候，自报家门，认真听取，积极应答，不方便接听和深谈时，约定时间打回去
	（3）详细记录	记录备忘，及时询问和确认有关信息
	（4）礼遇打错电话者	保持风度和涵养，可能的话告知对方正确号码
	（5）及时结束电话	达成共识后简短总结，得到对方肯定答复及时结束通话
转接电话	（1）明确身份	明确打电话的人和要找的人；转接对象不在，可表明自己身份，以便对方确定是否代转内容
	（2）及时准确的转接	告知转接对象时，注意用词，忌电话放一边信口开河；如果转接对象不在，恰当回复
	（3）代接电话注意保密和及时转达	不泄露电话内容，未经允许不随意泄露转接对象的个人信息或单位情况

操作项目	操作要求	操作标准
打电话	（1）选择合适的时间	回避对方精力有可能松懈的时间，避开影响对方生活或休息的时间，国际长途要考虑时差
	（2）准备充分	合理安排通话长度和内容，一般在3分钟以内，长时通话要征求对方意见，结束通话要表示歉意
	（3）礼貌开场白	首先问候，根据情况选择合适的自报家门的方式
	（4）礼貌结束电话	一般是拨打方主动挂断电话，对方是长辈或客户，可等待对方挂断，意外中断要主动拨打并解释，结束时轻放电话
使用手机	（1）注意场合	避免频繁的来电铃音打扰他人工作和休息，不宜使用手机的场合不带手机，要求安静的场合要静音
	（2）注意安全，遵守法律	禁止使用手机的场合要严格遵守，不使用手机进行违纪行为
	（3）告知变更信息，保持联络畅通	手机变更要及时告知有关对象，他人号码未经允许不能公开
使用网络	（1）节省资源	不挪用公用网络，不在工作时间聊天，及时收发处理信息
	（2）注意网络安全	不随意传递公司内部文件或信息，要有安全意识，谨慎对待不明邮件

训练内容

【情境训练】

（1）电话礼仪练习：打电话时手肘离开桌面，讲话时一定要微笑，可以试着录下自己面带微笑时说话的声音，以及板着脸时说话的声音，做个比较，分析两者传达出来的感觉有什么区别。

（2）分角色进行电话交流：泰和集团招聘业务员，请以求职者的身份，打电话咨询有关情况，并定下面试时间和地点。

（3）两人一组，用固定电话或手机现场表演以下情形的通话：

- 双方第一次进行业务联系
- 秘书向经理通过电话汇报工作
- 正在与客户交谈时电话震动提示有来电
- 经理不在，重要客户来电约见

提示：可发挥想象，设计其他情形；通话训练前，明确电话使用的礼仪，确定通话的内容；小组交流与点评。

（4）小组分工到企事业单位了解网络使用的情况，小组交流网络使用过程中应遵守的礼仪。反思个人在网络使用过程中存在的不恰当行为。

训练手记：

_____。

【案例讨论】

案例1

一位消费者新买的电视出现了故障，他忘记了售后电话，从查号台找到总公司的电话号码打了过去。电话通了很长时间，一位女性终于接了电话，了解到情况后，犹豫了一会儿，不耐烦地说："我帮你问问售后电话，你稍等。"没想到一等就是几分钟，这位消费者能听到办公室嘈杂的声音，但就是没人再接电话，那位女士也不知去向。他挂上电话后，从此不再买这家公司的产品。

思考：

（1）这家公司为什么失去了这位消费者？

（2）请分析这家公司的工作人员在接到消费者电话时应怎样处理？

我来说：

_____

_____

_____

_____。

案例2

2000年悉尼奥运会中国运动健儿的出色表现征服了各国观众，但某些中国人的不文明习惯却给他国运动员、记者留下了不好的印象。有媒体报道，中国记者团几乎每个人都配备了移动电话，铃声是非常特别的音乐，在很嘈杂的场所也可以清楚分辨是不是自己的电话。在射击馆里，当运动员紧张比赛的时候，这种声音就显得特别刺耳。组委会为了保证运动员发挥出最佳水平，在射击馆门前专门竖有明显标志：请勿吸烟，请关闭手机。也不知是中国的一些记者没看见还是根本不在乎，竟没有关机。其实，把手机铃声调到"振动"并不费事。王义夫比赛时，中国记者的手机响了，招来周围人的嘘声和众多不满的目光，有外国人轻轻说："这是中国人的手机！"在陶璐娜决赛射第七发子弹的关键时刻，中国记者的手机又一次响了……

思考：

（1）中国记者是不是有重要电话要接，怕"振动"状态不够明显，影响接听？

（2）不和谐的手机声为什么会引起人们的反感？

（3）手机使用应该注意哪些问题？你在使用手机的过程中有哪些需要改进的方面？

我来说：

_____

_____

_____

_____。

知识链接

一、电话礼仪

电话已经成为人们基本的沟通手段，据美国《电话综述》（*Telephone Review*）统计数据，一个人一生平均有8760个小时在打电话。电话的沟通比双方面对面的沟通有时更有挑战性，因为面对面可以看得到表情，有声音以外的信息来辅助。电话如果使用不当，就有可能对个人的职业生涯、人际关系和公司利益造成潜在的损失，甚至成为事业发展的障碍。

（一）电话语言要求

有人一边打电话一边抽烟、喝茶、看报纸，这是非常失礼的。在电话里，一个人是否面带笑容，对方是"听"得出来的。一个人，无论在何种情况下面带微笑地接听和拨打电话，不让自己的消极情绪影响电话另一端的无辜者，是具备高层次的个人修养和职业素养的表现。职业活动中，如果能够做到这一点，不但会赢得客户的好感，也可以赢得同事的尊重。

（1）态度礼貌友善　礼貌的语言、柔和的声音，往往会给对方留下亲切之感。日本的一位研究传播的权威说：不管是在公司还是在家庭里，凭这个人在电话里的讲话方式，就可以基本判断出其"教养的水准"。一家日本公司要求每一名接线员在面前放一面镜子，以保证在接听电话的时候，随时可以看到自己脸上的微笑。据说这样做效果非常好，因为微笑让接线员的声音听起来特别亲切，态度也特别友善。顾客们对这家公司的热情服务盛赞不已。

（2）传递信息简洁　问候完毕，开宗明义，直言主题，少讲空话废话。

（3）控制语速和语调　语调温和，语速适中，容易使对方产生愉悦感；语速太快，显得应付了事，对方容易听不清；太慢，显得懒散拖沓，对方会不耐烦；语调太高，不柔和；太低会显得有气无力。通话时，如果环境中有其他声音，应向对方解释以免产生误解。

（二）接电话的礼仪

（1）迅速接听，但不要操之过急　电话铃响起后，最好在三声之内接听。即便电话离自己办公桌较远，在附近没有其他人的情况下，也应主动接听，如果电话铃响了四五声才接，应表示歉意，说明迟接电话的原因。一般情况下，应在电话第一声铃音结束后接听，接起太快拨打电话的一方可能会一下反应不过来。

（2）态度谦和，积极反馈　接起电话后，往往要问候并自报家门。接听的过程中，要专心并运用恰当的语调进行积极应答；如果有重要客人或其他不方便接听电话或深谈的情况，可向对方说明原因，并表示歉意，约定时间，届时主动打过去。

（3）详细记录　工作时间与单位业务有关的事项，要做好记录，即使电话中就可以处理的事项，记录也可以作为备忘，要明确了解和掌握来电的目的，不清楚的地方要及时询问和确认，必要信息要向对方重复一遍以免遗漏。

（4）礼遇打错电话者　即使接起的是一个错误电话，也应当保持涵养和风度。如果方便的话，可以把正确的号码告知对方。有时错误的来电，也可能是树立自己和所在单位良好职业形象的契机。

（5）及时结束没完没了的电话　弄清楚来电意图后，针对双方达成共识的内容作出简短总结，取得对方肯定性答复后，可以说"好的，那我就不占用您的时间了，有时间我们再联络。"

（三）打电话的礼仪

（1）选择恰当的时间　如果是双方事先约定的，要准时致电。事先没有约定时间，主动回避对方精力有可能松懈的时间，如周五下午、周一上午、上班后的前半个小时、下班前的最后几分钟；还要尽力避开影响对方生活或休息的时间，例如假期、午休、凌晨、深夜或就餐时间；打国际长途还应考虑一下时差。

（2）做好准备，合理安排通话长度和内容　通话前要了解对方的电话号码、公司或单位名称以及接听人的姓名等有关信息；写出谈话要点和询问要点，准备好在应答中使用的纸和笔以及必要的资料和文件。既要把内容讲清楚，又不要占用对方太多时间。一般情况下，打电话的时间应当保持在3分钟以内，如果确实无法在短时间内结束电话，通话期间要礼貌的征求对方意见，允许后延长通话时间，挂电话时要表示歉意。

（3）礼貌的开场白　电话接通后，首先应礼貌地问候一声"您好"，不要在不打招呼的情况下就介绍自己；其次要自报家门，主要有四种方式：一是直接报自己的姓名，二是报自己所在单位名称，三是先报单位名称，再报个人全名，四是报所在单位名称后，再报自己的全名和职务。可以根据私人交往，或业务交往的情况选择合适的方式自报家门。

（4）礼貌的结束通话　一般情况下，应当是打电话一方主动挂断，如果是与上级和长辈、客户通电话，最好让对方先挂断。通话中如果出现意外中断，应主动打过去并解释；电话结束时，要道谢和说再见；挂电话时，要轻放话筒。

（四）转接电话的礼仪

工作时经常会遇到帮别人转接电话的情况，在转接时不仅要遵守接听电话的礼仪，还有以下方面需要注意。

（1）明确身份　首先要弄清楚的问题是"打电话的人是谁"和"要找的人是谁"。对方自报家门和说出要找的人之后，要加以确认，将来电者的姓名和身份以及转接对象的有关信息复述一遍。如果转接对象不在，应当向发话人具体说明本人的身份，告之对方自己的具体职务以及与对方所找之人的关系，以便对方斟酌是否由自己代劳。

（2）及时准确的转接电话　转接电话时，要注意用手遮住话筒告知接电话的人，要注意自己的语言，不能电话放在一边信口开河。如果要找的人不在或不方便甚至不愿接听电话，根据实际情况作出恰当回复。接话人不在，发话人同意的前提下可以代劳，认真做好记录并转交给当事人。

（3）代接电话，不论涉及公务还是私事，均有义务保守秘密，不应擅自扩散有关信息。只有得到当事人允许，才能透露其手机号或家庭号码以及其他有关个人或单位的事项。

（五）使用手机的有关礼仪

（1）注意场合和秩序　在写字间工作时，尽量少用手机，多用座机，更要避免频繁的电话或短信铃音干扰其他人的工作和休息；接待客户、向领导汇报工作时，尽量避免使用手机；参加重要会晤、谈判或会议时，不但不宜使用手机，最好不要随身携带。使用手机，不要破坏公共秩序，在人多又需要相对要求保持安静的公共场所，如：音乐厅、美术馆、影剧院、歌剧院、图书馆、候机楼等场所以及有些比赛、开会现场，手机尽量保持静音。

（2）注意安全，遵守法律　凡明文规定禁止使用手机或手机某些功能的地方，都要严格遵守，如驾驶汽车、乘坐飞机或置身油库、病房时不要使用手机；未经正式允许不要使用手机偷偷录音、录像、拍照、上网或其他方式向外界传递公司内部信息，更不能利用手机窃取情报。

（3）及时告知手机变更信息　为了保持联络的通畅，一旦手机号码变更，应向重要交往对象通报，对于别人的号码未经允许，不宜随便对外公开。

二、网络礼仪

使用网络办公要本着节省资源的原则，不能私自挪用公用的网络，工作时间不要网上聊天。使用网络传递邮件时，注意书写的语气，及时查收处理相关信息，回复邮件时应当附上原文，每一封信一个明确的主题，信件发往多个地址时，最好分别发送。

交流中，要礼貌、友好，用语简洁，避免引起争议的话题。在网络上传递信息，不能违反法律法规和有关规定，不能在网上侮辱、谩骂他人，不能传播谣言、散布虚假信息，禁止在网上传播不健康的内容。

使用网络要注意安全问题：第一，不要随便传递内部文件和信息，以免造成泄密。第二，要有安全自保意识，公用账户、私人密码不要在公众场合使用。第三，要防范黑客、病毒，不要使用盗版软件，要谨慎对待不明电子邮件。对于有关部门发布的信息预警，要及时采取措施防范。

【情境训练】

正佳公司王经理的秘书打电话给德利公司李经理的秘书，按照王经理的授意预约面谈两家公司的合作事宜。

提示：

（1）首先制定情境表演的方案，尊重客观事实的基础上分组进行角色扮演，模拟训练，针对有关细节拍摄视频，小组交流和评价。

（2）方案设计以及表演的评价中，可以参考以下要素：

- 电话机旁有无准备记录用纸笔？
- 有无在电话铃响3声之内接起电话？
- 是否在接听电话时做记录？
- 对外电话是否使用敬语？
- 接起电话有无说"您好"或"您好，××单位"？
- 要转达或留言时，是否告知对方自己的姓名？
- 接到投诉电话时，有无表示歉意？
- 接到打错电话时，有无礼貌回绝？
- 是否正确听取了对方打电话的意图？
- 是否重复了电话中的重要事项？
- 客户来电时，有无表示谢意？
- 对客户有无使用专业术语，简略语言？
- 是否让客户等候30秒以上？
- 拨打电话时，有无选择对方合适的时间？
- 拨打电话时，有无准备好手头所需要的资料？
- 拨打电话时，有无事先告知对方结果、原委？
- 说话是否清晰，有条理？
- 电话听筒是否轻轻放下？

任务评价

实训评价表

评价项目	评价标准	分值	自评分	小组评分	综合得分
接听电话	接听及时	10			
	态度谦和，声音柔和耐心	10			
	恰当处理来电，办事准确	10			
	认真记录，及时反馈	10			
拨打电话	选择时间合适	10			
	准备充分，表达流畅，语调语速适中	10			
	礼貌交流，注重效率	10			
手机使用	注意场合	10			
	遵守公共秩序和安全要求	10			
	及时告知号码更改信息	5			
网络使用	遵守使用的要求，文明上网	5			
总分		100			
努力方向		建议			

任务13 文书礼仪

任务目标

- 能够规范地拟写和使用商业信函。
- 能够规范地拟写和使用电子邮件。

任务情境

江梅毕业后应聘到赛尚科技贸易公司担任总经理助理。工作的第一星期，她接到了当地日本NEC分公司新年招待会的请柬，邀请总经理出席。总经理答复江梅要出席，江梅按请柬上的电话号码告诉对方接受邀请。过了一会儿，总经理问江梅是如何处理的，江梅说已经打过电话。总经理认为打电话不够正式，要求江梅拟写答复信函，并写上诚挚的贺词，注明出席的时间，江梅按照要求修改后，总经理针对江梅使用的"按原定时间到会"一词提出异议，他说不能用"原定时间"的说法，必须复述对方规定的时间、地点、以示正规和重视。前后经过5次修改后，总经理经过考虑，要求江梅把到达时间改成提前5分钟，以示尊重。

你如何看待总经理这种关注细节的工作方式呢？

任务解析

文书是公务活动中经常使用的交流方式之一。正式场合使用的文书，在礼仪方面通常有着标准而规范的要求。文书的礼仪通过言词礼貌、表达清晰、内容完整、格式正确、行文简洁、规范运用等要素表现出来。伴随着计算机技术的发展，文书出现了利用电子媒介的形式，如传真和电子邮件，除了遵守一般文函的礼仪规范外，还有自己的独特要求，在工作中要加以注意。文书礼仪的操作要点见表13-1。

表13-1 文书礼仪的操作要点

操作项目	操作要求	操作标准
信函礼仪	（1）拟写信文格式规范，内容具体而明确，结构完整	抬头包括称谓语和提称语，使用要得体规范； 正文主题明确，层次清晰，人称恰当，一文一事，篇幅短；结尾全面而具体，主要包括祝颂语、署名、日期 收寄双方的地址都要详细
	（2）拟写封文格式规范，内容详细具体无误	收寄双方地址、名称要准确，慎用礼貌用语，横式信封、竖式信封、国际信函封文格式不同
	（3）根据要求选用恰当的信函类型	用途不同，写作上有各自的要求和注意事项
传真礼仪	（1）内容要简单清晰	全面具体，简明扼要，避免失真
	（2）形式要规范得体	传递内容符合要求，双方联络方式详细
	（3）提前通报对方，同意后发送	一般用于急办事项，普通事项慎用
	（4）收到传真及时办理	告知收到信息，及时办理，并复印保存传真件

操作项目	操作要求	操作标准
电子邮件 使用礼仪	（1）收件人信息准确	规范书写，正确及时发送，注意安全
	（2）内容清晰，美观，格式规范	
	（3）检查确认发送情况	

训练内容

【情境训练】

（1）小组交流"任务情境"中总经理的工作方式，分析总经理在对外使用文书的过程中关注了哪些细节？

（2）每人收集一份商业信函，小组交流信文的格式、内容以及信文的拟写使用信息，分析如何写作和使用。

（3）根据"任务情境"，拟写出总经理要求的答复信。

（4）小组交流，根据"任务情境"的相关信息完成答复信的拟写。

（5）建设银行分行在市女子中等职业学校招聘文员面试结束后，秘书根据人事主管的要求向该校传真一份面试合格人员的名单，并通知报到的有关要求。请拟写一份传真稿，并通过传真设备，模拟发送传真的过程。小组交流传真的格式是否规范，发送过程中是否遵守了相关的礼仪要求。

（6）小组分工到企事业单位了解电子邮件使用的情况，总结交流电子邮件撰写和使用时应注意的礼节。

（7）根据情境制发一份电子邮件。

王强参加了公司刚刚举办的夏令服装产品展览会，会上他与很多经销商建立了良好的关系，虽然展览会只有一周时间，但很多经销商那种对市场的分析判断能力、对消费者的消费趋势研究和对未来希望合作的诚意，都吸引了王强。作为刚从事商贸工作的他，十分希望能结识更多的朋友，为公司作出更大的贡献。他觉得展览会结束了，但与经销商的关系还要维系，他想写一份电子邮件，表达自己的这种心情。

①分析王强要表达的主要思想。

② 结合电子邮件的格式和礼仪规范，每人书写一份电子邮件，在小组交流完善的基础上，每组推选一篇电子邮件发到一个指定的公共邮箱里，大家查收并以小组为单位分析收到的电子邮件并交流看法，选择一封电子邮件进行回复。

训练手记：

_____ 。

【案例讨论】

案例

根据收发电子邮件的礼仪，学习小组评价交流下面电子邮件的内容。

张先生：

您好，我是北京雅致人生管理顾问有限公司的王艳。很高兴能够认识您，并有幸将我们公司介绍给您。我们公司的培训主要以素质技能技巧为主，曾经成功地为IBM/HP/SUMSUNG/微软、中海油、大唐移动、北京移动、信息产业部电信院服务过，欢迎您访问我们公司的网址，对我公司有更多的了解。附件是我们公司擅长的培训课程及讲师简历。请您查收。

如有任何问题或者建议，请您随时与我联系。

希望我们能达成互补，在未来有合作的机会。

感谢您对我们工作的支持。

祝您工作开心快乐！

北京雅致人生管理顾问有限公司

项目经理：王艳

提示：这是一封北京雅致人生管理顾问有限公司王老师写给郑州惠尔企业管理咨询有限公司张老师的信函邮件。

我来说：

_____

_____

_____

_____ 。

一、商业信函礼仪

在商务活动中，商务信函是常见的沟通方式，使用商业信函时，应当在写作、应用等方面遵守礼仪规范

（一）信文写作礼仪

商业信函信文一般包括抬头、正文、结尾三部分。

1.抬头

抬头的基本内容包括称谓语和提称语。称谓语要准确，注意以下要求：姓名与头衔正确无误，称呼收信者，有时可以只称姓略去名，但不宜直呼其名或无姓无名；可以使用有关单位或部门作为抬头中的称谓语，不清楚收信者的性别时，以"经理""主任""首席代表"等中性称谓是比较稳妥的，初次致信他人时，要避免滥用称号，诸如"先生""小姐"在不清楚性别时不要采用，也不要以"先生／小姐"去称呼收信者。

提称语要到位，提称语就是称谓语之前提高称谓的词语。商业信函最常用的是"尊敬的"，社交场合所用的"尊鉴""台鉴""均鉴"等古典式提称语和涉外以及私人场合用的"亲爱的""我的"等西洋式提称语一般均不宜使用。

2.正文

正文是商业信函的核心内容。写作正文时一定要注意主题明确，层次清晰，语句通畅，言简意赅。表示亲切自然可采用第一人称；公事公办，严肃正规则可以采用第三人称。主要内容要放在前面，直言最希望对方了解的有关信息。最好一信一事，信息准确无误，还要注意不应在普通商业信函里涉及商业秘密；篇幅要做到"四短"，即：篇幅短、段落短、句子短、词汇短。

3.结尾

结尾是商业信函的最后一部分，要全面而具体，主要包括祝颂语、署名、日期，特殊情况可带附问语、补述语、附件。

祝颂语表达例行的祝福，内容大都约定俗成，不宜空缺。

署名宜为写信者全名，必要时同时署上行政职务与职称、学衔，若是打印信函，最好由署名者本人亲笔签名。

日期应注明写信的具体日期，越具体越表示郑重其事，至少写明"某月某日"，必要时可写"某年某月某日某时"。

附问语是指写信者附带问候收信者周围人士或转达周围人对收信者的问候。

补述语是正文写完后尚需补充的内容，也称附言，一般商业信函最好不用补述语，使用时要注意三点：单字不成行、单行不成页、字数不宜多。

附件是一些商业信函可能附有的文件，通常置于商业信函之后，但其具体件数、页数、名称均应在信中一一注明，以便收信者核对。

（二）信函封文礼仪

交付邮寄和快递的信函均应写封文，不仅书写要认真，还要遵循以下规范。

1.地址要详尽

寄信者和收信者双方信息都要详细清晰。保证收信者能收到信函，或者信函退回时不至丢失。

2.姓名要准确

收信者和寄信者的姓名均应书写正确，以单位、部门作为收寄者时，应正确注明全称。

3.慎用礼貌语

封文礼貌语包括三部分：第一是邮递员对收信者的称呼，写在收信者姓名之后，这不是写信者对收信者的称号，不宜使用"×× 贤侄"等；第二是启封词，写在收信人姓名与邮递员对其称号之后，如"启、钧启、收启"等；第三是缄封词，写在寄信者姓名之后，不封口的信函，没有必要写。

4.格式要标准

横式信封、竖式信封、国际信函的封文在写作时都要遵循各自的格式。

（三）常见商业信函应用

在商务交往中，信函应根据实际需要和具体情况来使用，用途不同，在写作上又有各自的要求和注意事项。具体应用不同类型的商业信函时，既要遵循共同要求，又要兼顾各自的特征。常用的有联络函、通知函、确认函、感谢函、拒绝函、请柬等。

1.联络函

联络函又叫保持接触函，是平时用以培养客户关系、与客户保持联系的一种专用信函。一般应定期向客户寄发联络函，加深对方对自己的印象，培养对方对自己的好感。写作时应注意以下五个方面：

（1）寻找适当的去信借口，如祝贺节日、生日，寄送简报，以免对方觉得突兀。

（2）扼要介绍自己的状况，如向对方通报自己及所在单位的发展变化。

（3）表达对对方的关注，可写在介绍自己的状况之前，比如祝贺对方的成就。

（4）可介绍与对方进一步交往和合作的意图。

（5）掌握友善的分寸，联络函并非直奔主题的业务函，篇幅宜短，语气宜友善，重在联络而非业务。

2. 通知函

通知函又叫告知函，主要用以向外界通报某项事务处理的具体情况，或者某项业务的具体进展，可以在一定程度上发挥联络的作用。使用时应注意以下五个方面：

（1）介绍客观情况，向有关方面通报事态的发展、变化，并非展开讨论或进行争论。

（2）注意介绍的连续性，介绍当前状况时要与此前函件呼应，使情况介绍连贯一致。

（3）向对方通报今后计划，告知对方要采取的对策以及已经采取的行动。

（4）促进彼此合作。

（5）表达含蓄委婉，无论是介绍己方举措还是敦促对方参与，表达上都要含蓄委婉。

3. 确认函

确认函是指专为确认某事向交往对象所寄送的信函，是商务交往中最为常用的信函之一。使用时应注意以下五个方面：

（1）明确应予以确认的有关事项，这部分内容是确认函的关键内容，应反复核对，确保不发生任何差错。

（2）逐一列出相应附加条件，凡对所确认事项附加各项具体条件的，应在确认函里向收信者加以明确。

（3）陈述己方对确认事项的立场，应再次承诺自己遵守约定。

（4）一般情况下，确认方均会在函中要求收信方对此进行确认，收信方可以另行致函，也可以是在该确认函上签署意见。

（5）信函末尾正式署名，正规的确认函均需有关人员或相关单位的负责人在末尾亲笔署上自己的姓名，有时往往需要联合署名，或由公司法人代表亲自署名，必要时还须加盖本公司公章。

4. 感谢函

感谢函是专为感谢某人或某单而写作的信函。一般而言，收到礼品、出席宴会、得到关照后，均应寄出专门的感谢函，恰如其分的感谢函，往往可以显示写作者的教养。使用时通常要注意以下四点：

（1）内容简练，只要将感谢之意表达清楚即可，即使只写三五句话亦可。

（2）面面俱到，如果感谢的对象不止一人，一定要向所有应予感谢者一一致谢，千万不要有所遗漏。

（3）尽量手写，而不要打印，任何时候，一封当事人的亲笔信都会使人产生亲切感。

（4）尽早寄达，感谢信应讲究时效性，最好在事件发生后24小时之内寄出，并尽早寄达，更能表达真挚的谢意。

5. 拒绝函

拒绝函是为拒绝外人或外单位的某项请求而使用的信函。所有商业信函里，拒绝函可算是最难写作的一种，它的难处在于既要正式拒绝对方，又要保证不会因此损害双方关系，使用时应注意以下四个方面：

（1）若无特殊原因，应当机立断尽早拒绝对方，要讲究时效，拖延会产生误解。

（2）要对拒绝的具体事项予以明确，不要一概而论，含糊不清。

（3）最好在拒绝函里认真说明拒绝的原因，让对方心服口服，不会因此影响双方的关系。

（4）真诚表达己方的歉意，还应恳请对方今后继续与自己保存联络。

6. 请柬

请柬是个人和组织在社交或公务活动中广泛使用的一种特殊书信形式，是为了表示对宾客的尊重，向邀请对象发出的邀请文书，邀请对方参加公司举办的非常正规而隆重的活动。请柬在使用时要注意以下四个方面：

（1）用语简洁、优雅、得体，不使用祈使句，如"请务必参加"。

（2）请柬应提前一至二周发送给对方比较妥当。

（3）寄给重要人物的请柬，最好不要打印，由领导亲笔书写更能表示诚意和尊重。

（4）收到公司的请柬后，要及时报告领导。领导决定后认真书写答复信，及时寄出。答复时首先要表示感谢，再明确表示是否接受邀请；如不能应邀，一定要说明原因，措辞要诚恳。

商业信函使用的信笺应当美观大方，统一印刷，不要使用外单位的信笺写商业信函。手写商业信函时通常使用钢笔、中性笔或毛笔，如果用铅笔和圆珠笔会令人觉得不够正式，手写文字以黑色或蓝黑色为宜，其他颜色要么不利于保存要么哗众取宠不可取。

二、电子信函礼仪

随着现代科学技术的发展，商业信函中逐渐出现了一系列利用电子媒介的新形式，目前比较常见的有传真和电子邮件。除了要遵循一般信函的礼仪规范外，还有一些自己的独特要求。

1. 传真

传真是通过传真机将信函、文件、图片等真迹传递给异地联络对象的一种通信方式，操作简便，传送迅速。在商务交往中使用传真，要注意以下礼仪规范：

（1）内容要简单明了。传真费用高于普通信函，撰写时力求全面具体，又简明扼要。

（2）为保证字体在传真中清晰易辨，稿件的字体、行距和图表要尽量清晰，避免人为原因导致"失真"。

（3）形式要规范得体，未经允许不要发送过长或保密传真。正式传真应首先标有名称，并在上面写明接收人所在单位、部门的名称，接收人的姓名、职务、电话等。一般应带有封面，并注明页码，若传送急件应于封面注明，传真最后应注上发送的日期。传真还可以附有备注，如"切盼3月5日16时前答复"。

（4）附有发送方的有效联络方式。

（5）提前通报，并征得对方同意。

（6）谨防骚扰他人，发送传真，一般属于需要急办的事项，若非紧急的文件、信函，最好不要使用传真，利用传真开展宣传和促销活动要把握好尺度。

（7）及时进行处理。收到传真后首先要告知发送者传真已收到；其次要对涉及事项进行办理；最后因传真不宜久存，应对其重要内容进行复印保存。

2. 电子邮件

电子邮件又叫电子函件，是利用互联网所传递的邮件，不仅方便快捷，不受篇幅限制，而且可以降低通信费用，特别是远距离的国际通信和大量的信息交流，优势更为明显。

（1）邮件收信人信息　填写收件人信息，收件人通常按不同性质分为收件人（邮件的主办人）、抄送人（邮件副本通知的人）、密件抄送人（隐藏邮件的收件人）。

（2）邮件内容　邮件内容包括抬头信息、正文和落款，另外还有附件或项目，要对文字、段落和背景进行适当的编辑和修饰。

（3）检查确认邮件发送情况　从导航窗格的相应文件夹进行检查，如果是设置了回执的邮件会自动提供通知并返回相应邮件。

使用电子邮件时要注意以下规范：

（1）规范书写格式　电子邮件和平常的书信一样，称呼、敬语、签名均不应少。内容要明确，语言要简洁，有明确的主题。认真检查有无错误，避免给人以粗心、不礼貌的负面印象。

（2）正确及时发送邮件　正文栏不要空白，否则不仅不礼貌，还容易被误认为垃圾邮件，重要的可以发送2次，发送完毕可用电话或短信告知收件人。收到邮件应尽快回复。

（3）注意安全　商务交往中要自觉维护网络安全，远离计算机病毒，同时尽量不要涉及机密。

拓展训练

宏达模具公司是海尔集团长期的合作伙伴，得知海尔集团在美国成功注册子公司，请以宏达模具公司的名义发出表示祝贺的信函。

提示：根据情境的要求拟写信函，个人完成任务的基础上，小组成员交流形成完善的初稿，书写封文，完成信函制发的全过程。

任务评价

实训评价表

评价项目	评价标准	分值	自评分	小组评分	综合得分
商业信函	格式规范	10			
	内容表述准确，得体	15			
	恰当选择信函类型，应用合乎礼仪要求	10			
传真	拟写简明条理，内容准确	10			
	发送规范，处理及时	15			
电子邮件	格式规范，收发人信息准确	15			
	内容表述有条理，清晰	15			
	处理及时，规范	10			
总分		100			
努力方向		建议			

<table>
<tr><td colspan="2" style="text-align:left">离
职
礼
仪</td><td>任
务
14</td></tr>
</table>

离职礼仪 任务14

任务目标

● 正确对待离职，得体展现良好的个人素质和修养。

● 遵守公司的规章制度，认真做好工作的交接。

● 客观分析离职的原因，减轻负面情绪的不利影响。

任务情境

　　林杰在一家大型家居超市从事文秘工作，公司主管财务和销售的两位经理在工作上存在分歧，有时销售经理批准的安排在财务经理那里可能会受到批评。林杰感到很为难，虽然公司的各项待遇都不错，但他还是失去了信心，打算辞职。感到郁闷的林杰，很想在辞职前找总经理反映一下两位分管经理的矛盾，是如何给自己和其他人带来了工作的难度。

　　你认为林杰该辞职吗？辞职前他该做哪些事情？

任务解析

　　职场生涯中，离职有时能为个人发展带来意想不到的发展机遇，有时也会给我们的生活带来不利的影响。不管是个人还是外部原因离职，离开原单位时注意必要的礼仪，给双方留下良好的印象，不仅体现了个人的修养，也为以后可能的合作做了良好的铺垫，正确面对离职中的负面情绪，可以更快的实现工作转换。离职礼仪的操作要点见表14-1。

表14-1　离职礼仪的操作要点

操作项目	操作要求	操作标准
离职准备	（1）了解各项要求，保障个人合法权益 （2）选择时机合适 （3）辞职信措辞恰当 （4）工作交接清楚 （5）留下个人新的联系方式	理性选择离职，遵守法律和制度要求，避免选择公司最忙的时候辞职，不能意气用事或不告而别

操作项目	操作要求	操作标准
情绪调整	（1）消除负面情绪的不良影响 （2）反思自我，形成客观的认知	不单把责任归咎于他人或单位，找出自身可能存在的问题，进行针对性的调整
离职后	（1）带走个人的材料，清除公用电脑上的个人信息和工作记录 （2）尊重公司的商业机密，不违规侵害公司利益 （3）杜绝负面谈论公司	遵守职业道德，塑造良好职业形象

项目三　职场礼仪训练

训练内容

【情境训练】

（1）小组讨论林杰是否该辞职，探讨林杰除了辞职外，还可以有哪些解决问题的方法。小组从实际情况出发，设计方案以情境表演的方式展现解决问题的办法。

（2）小组交流林杰辞职前找总经理反映主管领导问题的做法是否可行？（提示：可采用正反双方辩论的形式探讨）

（3）小组交流分析：林杰辞职前应该做好哪些准备工作？

（4）分小组拟订方案，结合林杰离职前的准备、离职前与人事主管的交流、有关工作的移交三个方面进行情境表演，以录像的形式记录表演的过程，小组交流和分析。

训练手记：

_____。

【案例讨论】

案例1

陈文是基金公司的文秘，受行业势态影响，公司传出了裁员的消息：年终合约到期的人，都不再续约。对陈文来说，原本稳定、平静的生活瞬间失去了方向，他不得不思考未来的打算。转型，成了陈文被逼无奈又不能不面对的课题。

思考：陈文应该怎样面对即将到来的离职，如何调整自己的负面情绪？

我来说：

_____

_____

_____

_____。

案例2

北京大学毕业的一位学生选择离开自己不喜欢的岗位，从事卖猪肉，后来成为拥有百家连锁店的千万富翁。近日有媒体报道毕业于西安交通大学的研究生孟兵，离开自己就职的互联网工作，开小店卖地道的家乡食品"肉夹馍"。曾经的互联网从业经历带给了孟兵不同的做事方法，他相信只要把产品做好，不论投入多少、成本多少，最终都会得到回报，坚持4个字——产品第一。

思考：上述离职创业的行为是否值得提倡？个人主动选择离职的时候应该有哪些方面的准备？

我来说：

_____

_____

_____

_____。

知识链接

一、离职准备礼仪

如果已经做好了充分的准备要辞去现在的工作，在宣布辞职决定之前，应该阅读员工手册或劳动合同，了解公司的有关政策以及有关的法律知识，还应该考虑以下六个方面的情况。

1. 选择最恰当的离职时机

公司业务繁忙、人力不足、个人能力未完全发挥前，都不是最好的离职时机。离职前，即使与公司或同事有不愉快，离职时应保持良好的风度和修养。

2. 提前和主管报告

公司大多规定，辞职书提出后，15~30天才可离职，可以在提交辞职书之前向主管做口头报告，征询意见，主动提出帮助进行工作交接。在讨论之后，提交一封仔细措辞的辞职信，标明具体的离职时间以及在交接过程中可以提供怎样的帮助。通常做法是留出两周的离职交接时间，如果在一家公司供职五年以上，应该留出更多的交接时间。

3. 坦诚交流离职的原因

离职不表示和原来的公司决裂，将来还是会见面，甚至有新的合作机会，即使有难言之隐，面对询问时，也应当委婉的说明离职的原因。只要态度坦诚，双方一般都能保持良好的关系。

4. 按照公司的规定办理手续

即使没有硬性规定，自己也应当将文具、器材、资料等交还公司，财务借贷关系要理清。

5. 工作交接

工作交接清楚后再离开，这是对自己和公司都负责的一种行为。

6. 留下联络方式

留下自己的联络方式，便于公司在必要时的联系，能展现对工作和公司负责任的态度。

二、离职情绪调整礼仪

离职的原因一般可以分为两种：个人原因和外部原因。这两种原因对当事人的影响是不一样的。由于个人原因而辞职，因另谋高就、深造以及家庭原因等主动放弃工作的，大多都会对公司有些不舍，甚至有些内疚，在跟领导和同事做离职前沟通的时候，会本着善意和相对平和的心态。由于外部原因离职的，比如因为公司环境不好、领导不公正等不得不放弃工作的人，大多心里会有很多负面情绪，会有很多委屈、愤懑、抱怨要倾诉。被动离职有时会对个人的生活产生意想不到的冲击，应该从积极的层面进行自我调整，避免沟通中负面情绪的放大。

一个人在离职时，无论出于何种原因，都说明本人在职场生涯中有一定的盲点和欠缺。即使是因为所在单位有问题，或者领导和同事的确不好相处，但毕竟还有人继续在那里工作，从这一点看，起码个人的容忍度和接纳度还不够。任何事物都有正反两面，如果只从反面看问题，就可能只看到、想到阴暗面，这种状态对解决目前的问题，和即将面临的新环境，都没有益处，要尽可能反向思维，使自己具备全面认识问题的能力。对于公司存在的问题，如果是基于理性分析的基础上向有关人员提出建设性的意见甚至维护自身的合法权益是可以的，但必须明确自己不是发泄不满情绪。

客观分析离职的外部原因，不单单把离职的原因归咎于谁，而是要从事件本身剖析自己是什么样的人?有什么地方需要提高?适应社会和环境的能力是否还欠缺?自己的心态还有哪些地方没有调整好?自己对哪些人和事是排斥的?如果以后再遇到同类的情况应该怎么办?通过这样的反思把"离职事件"转化成让自己学习和成长的基点，并且获得一种新的解决问题的思路和方式。

三、离职礼仪

（1）个人要带走的档案在交辞职信前就要处理好，不要离开前匆忙准备。

（2）任何资料要带走，先确认知识产权问题，伤害原公司利益的事情不要做。

（3）若进入原公司的竞争公司，尽量避免谈论原公司的竞争策略和业务机密，谈论虽然能暂时讨得新领导的欢心，甚至实现加薪或提升职位，但对于个人声誉容易产生负面影响，影响长远的发展。

（4）避免以负面方式谈论原来的公司，以免影响在行业内的声誉。

（5）不要积极从原公司挖人，这样短期内会使新公司产生效益，但也会让新公司对你产生防范之心。

拓展训练

李亚在一家货运代理公司从事文职工作3年了，公司同事关系融洽，老板待人和善。前几天，有业务关系的另一家公司向李亚表示了高薪聘用的意向，面对着高出原工资2000多元的报酬，李亚心动了，她向老板表达辞职的想法时，老板进行了诚恳的挽留，如果你是李亚该怎样选择呢?

提示：

（1）分小组交流拟订方案，以情境表演的形式呈现李亚的选择，可以从放弃离职和离职的不同层面设计。

（2）小组针对情境表演中存在的问题进行交流，提出改进意见。

任务评价

实训评价表

评价项目	评价标准	分值	自评分	小组评分	综合得分
主动离职准备	能理性对待辞职	10			
	递交辞呈或进行有效沟通	10			
	履行个人职责，完成工作交接	20			
	留下个人联系方式	10			
情绪调整	能客观分析离职的原因	10			
	积极反思，形成自我的定位	10			
离职礼仪	个人档案材料整理带走，公用电脑清除个人资料	10			
	尊重公司知识产权，不违规带走公司材料	10			
	避免负面谈论公司，不违规侵犯公司利益	10			
总分		100			
努力方向		建议			

项目四
商务礼仪训练

 项目概述

    商务礼仪，是人们商务交往中适用的礼仪规范，是在商务交往中，以一定的、约定俗成的程序、方式来表示尊重对方的过程和手段。熟练掌握并恰当地运用这些礼仪，有助于提高商务人员的个人素质；有助于建立良好的人际关系；有助于维护商务人员和企业的形象；有助于联络感情。

    本项目的主要内容包括商务仪式礼仪、商务谈判礼仪、商务庆典礼仪、中餐宴会礼仪、西餐宴会礼仪。

 项目分解

    本项目主要包括：

- 任务15 商务仪式礼仪
- 任务16 商务谈判礼仪
- 任务17 商务庆典礼仪
- 任务18 中餐宴会礼仪
- 任务19 西餐宴会礼仪

任务目标

● 了解签约仪式、开业仪式及剪彩仪式的程序。

● 能够制定签约仪式、开业仪式及剪彩仪式的执行方案。

● 恰当运用签约礼仪、开业及剪彩仪式礼仪技巧。

 任务情境

经过长期洽谈之后，完美服饰有限公司终于同美国一家跨国公司谈妥了一笔大生意。双方达成合约之后，决定正式为此举行一次签约仪式。

当时双方的洽谈在我国举行，因此签约仪式由中方完美服饰有限公司负责。签字仪式当天正好赶上王总的家人生病住院，由于急着出门，王总穿着休闲装直接从医院来到了签字厅。美方代表也来到了签字厅，当看到王总的这身打扮时心里很是不悦。王总也意识到了是服饰问题，赶紧上前热情招呼，慌忙解释，美方代表态度才有所缓和。没想到刚进签字厅，美方代表却扭头便走，要放弃签字。

原来，完美服饰的工作人员在签字桌上摆放中美两国国旗时，误以中国的传统法"以左为上"代替了目前所通行的国际惯例"以右为上"，将中方国旗摆到了签字桌的右侧，而将美方国旗摆到了签字桌的左侧，结果让美方代表恼火不已，差一点"临场变卦"。

 任务解析

仪式礼仪，是现代社会的重要社交方式，它有利于提高组织的知名度和美誉度，塑造组织形象；有利于鼓舞员工的士气，激发员工对组织的热爱，增强组织的凝聚力；有利于传递组织的信息，使组织赢得更多的成功机会和合作伙伴；有利于沟通情感、传达意愿、增进友情。在现实生活中，我们接触到的仪式礼仪活动很多，例如签约仪式、开业仪式、剪彩仪式等。

从"任务情境"中的案例可以看出，因为完美服饰没有很好地注意仪式礼仪，差点损失了一大笔生意。讲究仪式礼仪是现代交际的一项重要内容，也是组织生存发展的关键。商务仪式礼仪的操作要点见表15-1、表15-2。

表 15-1　签约仪式的操作要点

操作项目	操作规范
签约文本的准备	（1）以精美的白纸印制而成 （2）按大八开的规格装订成册 （3）以高档质料作为其封面
签约物品的准备	要准备好签字用的文具、国旗等物品
服饰准备	（1）签字人、助签人以及随员，在出席签约仪式时，应当穿着具有礼服性质的深色西装套装、西装套裙，并配以白色衬衫与深色皮鞋 （2）接待人员，可以穿自己的工作制服，或是旗袍一类的礼仪性服装
签约厅的布置	签字厅有常设专用的，也有临时以会议厅、会客室来代替的，但要选择较有影响的、结构庄严的、宽敞明亮的、适宜签约的大厅
签字桌	（1）通常是在签约厅内设置长方桌作为签字桌 （2）桌面上覆盖深绿色的台呢，台呢色彩的选择，要考虑双方的习惯与忌讳 （3）桌后放两把椅子，面对正门主左客右作为双方签字人的座位 （4）座前桌上摆放各方保存的文本，文本前方分别放置签字用的用具 （5）中间摆放一个旗架，悬挂签字双方的旗帜，主方国与客方国旗帜悬挂的方位是面对正门主左客右
签署礼仪	（1）签约仪式正式开始 （2）签字人正式签署合同文本 （3）交换合同文本 （4）饮香槟酒 （5）有秩序退场

表 15-2　开业及剪彩仪式的操作要点

操作项目		操作规范
开业仪式	宣传工作	公关活动及广告宣传
	邀请来宾	确定名单，提前发出邀请
	场地布置	（1）现场一般选在企业、商场、酒店的正前门 （2）现场布置要突出喜庆、隆重的气氛 （3）调试好灯光、音响等设备
	拟定仪式程序	（1）开场，邀请来宾就位，宣布仪式开始，介绍来宾 （2）过程，本单位负责人讲话，来宾致词等 （3）结局，宾主现场参观、联欢、座谈等
	接待服务	签到、题词、引领、停车等有专人负责来宾的接待服务工作

操作项目		操作规范
剪彩仪式	物资准备	（1）主席台要事先布置好 （2）准备好剪彩仪式的用品 （3）准备好馈赠的纪念性小礼品
	人员服饰	（1）剪彩者，要有荣誉感和责任感，衣着大方、整洁 （2）礼仪小姐着装宜选择西式套装或红色旗袍，穿高跟鞋，配长筒丝袜，化淡妆，并以盘起发髻的发型为佳
	剪彩人员的位次	（1）如果剪彩者为一人，在剪彩活动时居中站立 （2）如果剪彩者不止一人时，根据中间高于两侧，右侧高于左侧，距离中间站立者越远位次越低的规则，安排剪彩者的站位 （3）拉彩者位于拉直的红色缎带两端，捧花者应站立于花团之后，托盘者则站在剪彩者身侧
	剪彩仪式的程序	（1）请来宾就位 （2）仪式开始 （3）全场肃立，奏国歌 （4）致辞讲话 （5）进行剪彩 （6）参观庆贺

训练内容

【情境训练】

（1）分组讨论：任务情境中的完美服饰应做哪些签约仪式的准备工作？

（2）分小组，为完美服饰制定一份详细的签约仪式方案，制作PPT，每组选一名代表课堂展示。

（3）分小组模拟演练完美服饰与美国公司签约仪式的场景。

（4）利群商场要在本市新开一家连锁店，公司决定在开业前举行开业及剪彩仪式。分组讨论：利群超市应做好哪些准备工作。

（5）分小组，为利群商场制订一份详细的开业及剪彩仪式方案，制作PPT，每组选一名代表课堂展示。

（6）分组模拟演练利群商场开业及剪彩仪式的场景。

训练手记:

_____。

【案例讨论】

案例1

李宇参加卓越电脑公司的开业典礼,公司安排他坐在前排。由于临时有事情,他来到该公司开业仪式现场时,仪式已经进行二十多分钟了,李宇环顾左右寻找自己的座位,并大摇大摆地走向座位,刚刚坐下,手机铃声又响个不停,随后又大声地接听电话,周围嘉宾对他投来了异样的眼光。

思考:

(1)案例中李宇的行为是否得体?

(2)李宇的哪些方面做得不得体?

我来说:

_____

_____

_____

_____。

案例2

天宇房产公司举行新楼盘奠基剪彩仪式,请来了市长和当地各界嘉宾参加。各位嘉宾坐在主席台上,仪式开始,主持人宣布:"请陈市长下台剪彩!"陈市长稳稳坐在座位上丝毫没动,主持人很诧异,以为市长没听见,又大声说:"请陈市长下台剪彩!"陈市长还是没有起身,脸上显出不快的表情。主持人又宣布:"陈市长剪彩!"陈市长这才很不高兴地起身去剪彩。

思考:

(1)找出本案例中剪彩礼仪有哪些不当之处?

(2)本案例对你有何启发?

我来说:

_____

_____

_____

_____。

一、签字仪式礼仪

（一）签字仪式的准备工作

1.签字文本的准备

安排签字仪式，首先是签字文本的准备。负责为签字仪式提供待签合同文本的主方，应会同有关各方一道指定专人，共同负责合同的定稿、校对、印刷、装订、盖火漆印工作。按常规，应为在合同上正式签字的各方，均提供一份待签的合同文本。必要时，还可再向各方提供一份副本。

签署涉外商务合同时，比照国际惯例，待签的合同文本，应同时使用有关各方法定的官方语言，或是使用国际上通行的英文、法文。此外，亦可同时并用有关各方法定的官方语言与英文或法文。

待签的合同文本，应以精美的白纸印制而成，按大八开的规格装订成册，并以高档质料，如真皮、金属、软木等作为其封面。

2.签约物品的准备

要准备好签字用的文具、国旗等物品。

3.服饰准备

在签约前要规范签字人员的服饰。按照规定，签字人、助签人以及随员，在出席签字仪式时，应当穿着具有礼服性质的深色西装套装、西装套裙，并配以白色衬衫与深色皮鞋。在签字仪式上露面的礼仪、接待人员，可以穿自己的工作制服，或是旗袍一类的礼仪性服装。

4.签约厅的布置

由于签字的种类不同，各国的风俗习惯不同，因而签约仪式的安排和签约厅的布置也不尽相同。签约厅有常设专用的，也有临时以会议厅、会客室来代替的，但一般要选择较有影响的、结构庄严的、宽敞明亮的、适宜签约的大厅。

5.签字桌设置

我国举行的签约仪式，通常是在签约厅内设置长方桌作为签字桌。桌面上覆盖深绿色的台呢，台呢色彩的选择，要考虑对方的习惯与忌讳。桌后放两把椅子，面对正门主左客右作为双方签字人的座位。座前桌上摆放各方保存的文本，文本前方分别放置签字用的用具，中间摆放一个旗架，悬挂签字双方的旗帜，主方国与客方国旗帜悬挂的方位是面对正门主左客右，即各方的国旗须插放在该方签字人座椅的正前方。另外，还要与对方商定助签人员的安排，以及安排双方助签人员洽谈有关细节。

（二）签约仪式的程序

签约仪式是签署合同的高潮，它的时间不长，但程序规范、庄严、隆重而热烈（图15-1）。签约仪式的正式程序一共分为以下几项。

1. 签约仪式正式开始

各国签约仪式的程序大同小异，以我国为例：双方参加签约仪式的人员步入签约厅，签字人入座。双方的助签人员分别站立于签字人员的外侧，协助翻揭文本及指明签字处。其他人员分主方、客方按身份顺序站立于后排，客方人员按身份由高到低从中向右边排，主方人员按身份高低由中向左边排。当一行站不完时，可以按照以上顺序

图15-1

并遵照"前高后低"的惯例，排成两行、三行或四行。

2. 签字人正式签署合同文本

通常的做法，是先签署己方保存的合同文本，再接着签署他方保存的合同文本。每个签字人在由己方保留的合同文本上签字时，按惯例应当名列首位。因此，每个签字人均应首先签署己方保存的合同文本，然后再交由他方签字人签字（由助签人交换），其含义是在位次排列上，轮流使有关各方有机会居于首位一次，以显示机会均等，各方平等。

3. 交换合同文本

合同文本都签好字以后，各方签字人郑重地正式交换有关各方均正式签署过的合同文本，同时热烈握手，互致祝贺，并可相互交换各自方才使用过的签字笔，以示纪念。全场人员应鼓掌，表示祝贺。

4. 饮香槟酒

交换已签的合同文本后，有关人员，尤其是签字人当场干上一杯香槟酒，是国际上通行的用以增添喜庆色彩的做法。在一般情况下，商务合同在正式签署后，应提交有关方面进行公证，才正式生效。

5. 有秩序退场

请双方最高领导者及客方先退场，然后东道主再退场。整个签约仪式以半小时为宜。

二、开业仪式礼仪

（一）开业仪式的筹备

开业仪式的筹备工作一般包括以下六个方面的内容。

1. 舆论宣传

做好舆论宣传工作，一般可以通过两种方式：一是将开业仪式的有关内容，如举办的时间、地点、开业单位的经营特色、优惠措施等内容通过大众传播媒介（报纸、电视、广播、网路等）进行集中性的广告宣传；二是邀请有关的大众传播界人士在开业仪式举行之时到场进行采访、报告，从而对本单位进行进一步的正面宣传。

2. 邀请来宾

开业仪式的成功与否，在很大程度上取决于来宾身份的高低和其数量的多少。因此，应在力所能及的条件下，尽可能多的邀请一些来宾（如地方领导、上级主管部门与地方职能管理部门、合作单位与同行单位的领导、社会团体的负责人、社会贤达、媒体人员等）参加开业仪式。应精心准备请柬，并装入精美的信封，在仪式正式开始12小时前由专人送至嘉宾手中。

3. 场地布置

开业仪式一般在开业现场举行，其场地可以是正门之外的空场，也可以是正门之内的大厅。按惯例，举行开业仪式时宾主一律站立，因此一般不需要布置主席台或座椅。现场布置要体现热烈、隆重、喜庆的氛围，在来宾尤其是贵宾站立之处铺设红色地毯，并在场地四周悬挂横幅、标语、气球、彩带等，在醒目之处摆放来宾赠送的花篮或牌匾。做好音响、灯光等设备的检查、调试工作，排除隐患。

4. 拟定仪式程序

开业仪式大都由开场、过程、结局三大基本程序所构成。开场，即奏乐，邀请来宾就位，宣布仪式正式开始，并介绍主要来宾。过程，是开业仪式的核心部分，它通常包括本单位负责人讲话，来宾代表致词，启动某项开业标志等。结局，是开业仪式结束后，宾主一起进行现场参观、联欢、座谈等，是开业仪式必不可少的尾声。为保证开业仪式顺利进行，在筹备时，必须要认真拟定仪式的程序，选好仪式的主持人。

5. 接待服务

开业仪式的活动现场，一般有专人负责来宾的接待服务工作。签到、题词、引领、停车、饮食、住宿等每一个环节均需有专人负责，要做到热情待客，有求必应。在接待贵宾时，则需由本单位主要负责人亲自出面。

6.礼物馈赠

举行开业仪式时赠予来宾的礼品，一般属于宣传性传播媒介的范畴之内。选择得当，定会产生良好的效果。根据常规，赠送来宾的礼品，应具有以下三大特征：一是宣传性，可选用本单位的产品，也可在礼品及其包装上印有本单位的企业标志、广告用语、产品图案等；二是荣誉性，要具有一定的纪念意义，拥有者对其珍惜、重视，并为之感到光荣和自豪；三是独特性，它应当与众不同，具有本单位的鲜明特色，使人一目了然，过目不忘。

（二）开业仪式的程序

开业仪式是一个统称，在不同的场合，往往采用不同的名称，如开幕仪式、开工仪式、奠基仪式、破土仪式、竣工仪式、下水仪式、通车仪式、通航仪式等。它们都是要用热烈而隆重的仪式，为本单位的发展创造一个良好的开端，但在仪式的具体运作上存在着差异，现具体介绍如下。

1.揭幕仪式

揭幕仪式是指公司、企业、宾馆、商店、银行正式启用之前，或是各类商品的展示会、博览会、订货会正式开始之前，正式举行的相关仪式。揭幕仪式结束之后，公司、企业、宾馆、商店、银行将正式营业，有关商品的展示会、博览会、订货会将正式接待顾客与观众。

举行揭幕仪式一般会选择在门前广场、展厅门前、室内大厅等较为宽敞的空间内举行。揭幕仪式的主要程序如下：

（1）主持人宣布仪式正式开始，介绍来宾。

（2）邀请专人揭幕。

揭幕的具体做法是：揭幕人行至彩幕前恭立，礼仪小姐双手将开启彩幕的彩索递交揭幕人。揭幕人目视彩幕，双手拉启彩索，彩幕随之展开。全场目视彩幕，鼓掌并奏乐。

（3）在主人的亲自引导下，全体到场者依次进入幕门。

（4）主人致答谢词。

（5）来宾代表致贺词。

（6）主人陪同来宾进行参观。

（7）仪式结束。开始正式接待顾客或观众，对外营业或对外展览宣告开始。

2.开工仪式

开工仪式也是开业仪式常见的形式之一，是工厂准备正式开始生产产品、矿山准备正式开采矿石或建筑工程准备正式开工时，专门举行的具有庆贺性的活动。

开工仪式一般都选择在生产现场举行，即在工厂的主要生产车间、矿山主要矿井或建筑施工工地现场等地方，作为举行开工仪式的场所。

开工仪式的主要程序如下：

（1）主持人宣布仪式正式开始，介绍来宾。

（2）在礼仪人员的领导下，开工单位负责人陪同各位来宾至开工仪式标志物（如机器开关或电闸）附近。

（3）正式开工。开工单位主要负责人及来宾代表，到开工仪式标志物（如机器开关或电闸）旁，对其躬身施礼，然后共同启动机器或合上电闸，全体参与人员鼓掌祝贺，并奏乐。

（4）全体职工各就各位，上岗进行操作。

（5）在单位主要负责人的带领下，全体来宾参观生产现场。

3.奠基仪式的主要程序

（1）主持人宣布仪式正式开始，介绍来宾。

（2）全体肃立，奏国歌。

（3）单位主要负责人对该建筑物的功能以及规划计划进行介绍。

（4）来宾代表致辞祝贺。

（5）正式进行奠基。首先由奠基人双手持握系有红绸的新锹为奠基石培土，随后，主办方其他负责人与嘉宾依次为之培土，直至将其埋没为止。在奠基过程中，应演奏喜庆音乐或锣鼓喧天。

三、剪彩仪式礼仪

（一）剪彩仪式的准备工作

1.邀请参加者

参加剪彩仪式的人员主要分为：主办单位负责人和组织仪式的人员、上级领导、主管单位负责人、知名人士、记者等来宾；主办单位企业的员工；有关管理人员和技术人员。通过参加仪式，参加者身临其境，感受项目或展览的重要，从而形成深刻难忘的印象。对仪式的参加者应做好接待工作。当来宾到达时，接待人员要请宾客签到，然后引领他们到指定的位置上。

2.物资准备

剪彩仪式的主席台要事先布置好，主席台要铺好台布，摆放茶水和就座人员的名签。剪彩仪式的用品如新剪刀、白纱手套、托盘应按剪彩人数配齐，红色地毯宽度应在一米以上，长度可视剪彩者人数的多寡而定，系有花结的大红缎带约2米，馈赠的纪念性小礼品也应准备好。

3.参与人员的服饰规范

剪彩者是剪彩仪式的主角，其仪表举止直接关系到剪彩仪式的效果和组织形象。作为剪彩者，要有荣誉感和责任感，衣着大方、整洁、挺括，容貌要适当修饰，剪彩过程中要保持稳重的姿态、洒脱的风度和优雅的举止。礼仪小姐要求仪容、仪表、仪态文雅、大方、端庄；着装宜选择西式套装或红色旗袍，穿高跟鞋，配长筒丝袜，化淡妆，并以盘起发髻的发型为佳。人员确定后，要进行必要的分工和演练。

4.剪彩人员的位次

如果剪彩者为一人，在剪彩活动时居中站立即可。如果剪彩者不止一人时，根据中间高于两侧，右侧高于左侧，距离中间站立者越远位次越低的规则，安排剪彩者的站位。礼仪小姐则根据分工不同，站位不同。拉彩者位于拉直的红色缎带两端，捧花者应站立于花团之后，托盘者则站在剪彩者身侧，以便提供服务。

（二）剪彩仪式的程序

以独立的剪彩仪式为例，其通常应包含以下程序。

1.请来宾就位

在剪彩仪式上，通常只为剪彩者、来宾和本单位的负责人安排座位。在剪彩仪式开始时，请嘉宾及领导在已排好顺序的座位上就座。

2.仪式开始

仪式主持人宣布仪式开始时，声音要高亢响亮。然后，向到会者介绍参加剪彩仪式的领导人、负责人与知名人士，并对他们表示谢意，同时，也对在场的其他与会者表示感谢。感谢还要用掌声表示，主持人把两手高举起一些，以作为对在场各位鼓掌引导的暗示。

3.奏国歌

全场肃立，奏国歌。

4.致辞讲话

仪式上可以安排简短发言，要言简意赅，充满热情，两三分钟即可，发言者一般为东道主的代表，向东道主表示祝贺的上级主管部门、地方政府及其他协作单位的代表。

5.进行剪彩

主持人宣布正式剪彩之后，剪彩者应在礼仪小姐的引导下，步履稳健地走向剪彩位置，如有几位剪彩者时，应让中间主剪彩者走在前面，其他剪彩者紧随其后走向自己的剪彩位置。主席台上的人员一般要尾随至剪彩者身后1~2米处站立。当礼仪小姐用托盘呈上白手套、新剪刀时，剪彩者可用微笑表示谢意并随机接过手套和剪刀。剪彩前要向手拉缎带的礼仪小姐点头示意，然后，全神贯注、表情庄重地将缎带一刀两断；如果几位剪彩者共同剪彩，要注意协调行动，处在外段的剪彩者应用眼睛余光注视处于中间位置的剪彩者的动作，力争同时剪断彩带；还要与礼仪小姐配合，让彩球落于托盘中；剪彩者在放下剪刀后，应转身向周围的人鼓掌致意，并与主人进行礼节性的谈话，然后在礼仪小姐引导下退场。

6.参观庆贺

剪彩后，一般要组织来宾参观工程、展览等。有时候要宴请宾客，共同举杯庆祝。

拓展训练

李凯是某职业学校文秘专业的毕业生，他有很好的口才，在校时曾获得市演讲比赛一等奖。李凯毕业后立志创业，想充分发挥自己口才方面的特长，开一家婚庆公司，做婚庆司仪。他打算邀请几位名人举行剪彩仪式，期望通过隆重的开业剪彩活动，给他的小店带来好彩头。

分组模拟演练李凯婚庆公司开业剪彩的场景并录像。

任务评价

实训评价表

评价项目	评价标准	分值	自评分	小组评分	综合得分
签约仪式	方案设计内容全面、合理	10			
	服饰设计合理，符合角色身份	10			
	PPT制作适用、美观，讲解流畅、演示效果好	10			
	小组成员积极配合、模拟演练认真、符合操作规范	15			

评价项目	评价标准	分值	自评分	小组评分	综合得分
开业及剪彩仪式	方案设计内容全面、合理	10			
	PPT制作适用、美观，讲解流畅、演示效果好	10			
	场景设计合理、道具准备充分	10			
	服饰设计合理，符合角色身份	10			
	小组成员积极配合、模拟演练认真、符合操作规范	15			
总分		100			
努力方向		建议			

任务16 商务谈判礼仪

任务目标

- 能够针对谈判的目的，按照程序和礼仪要求进行准备。
- 能够恰当地进行谈判环境布置和座次安排。
- 在谈判中恰当得体地运用交际礼仪，展现良好的职业素养。

任务情境

　　纪彬在一家福特4S店担任销售助理，和一位客户进行汽车销售谈判的过程比较顺利，客户当场决定付款订货。带客户去付款的过程中纪彬很高兴，一边和另一位推销员谈起了昨天的购物，一边伸手去帮顾客办理付款手续，没想到顾客却突然决定放弃购车。后来纪彬才明白，客户在决定付款时，谈起了他儿子考上大学的事，而自己却和同伴谈着购物，没有回应客户。在这次谈判交易过程中，纪彬不是败在谈判技术上，而是败在失礼上。

任务解析

谈判与工作和生活密切相关，是谈判者知识、信息、修养、口才、风度的综合较量，绝大多数商务谈判，是按照一系列约定俗成的礼仪和程序进行的会晤，既要讲究策略又要讲究礼仪，只讲策略不讲礼仪的谈判是很难成功的。商务谈判礼仪的操作要点见表16-1。

表16-1　商务谈判礼仪的操作要点

操作项目	操作内容	操作标准
谈判准备礼仪	确定谈判成员	成员组成要综合知识和心理方面的考虑，知识结构要互补
	收集谈判信息	明确谈判的主题、内容、议程，制定好计划、目标及谈判策略，熟悉谈判的程序，了解对方的相关信息
	确定合适的地点和谈判的座次	各方协调，创设合适的谈判环境，根据出席人员情况安排座次
	得体的服饰仪表	男士应当刮净胡须；女士选择端庄、优雅的发型，化淡妆，不使用香气过浓的化妆品；服装应传统、简约、高雅、正式
谈判过程中的礼仪	尊敬谈判对象	讲究礼貌，真诚交流，谈判过程中，能够态度友好、语言文明，恰当地运用体态语，认真倾听，正确领会对方的意图
	依法办事，平等协商	追求利益要有限度，求同存异，实现双方的互惠互利
	灵活掌控谈判现场	恰当处理冷场，创造良好的氛围，妥善处理双方的人际关系
谈判座次礼仪	横桌式座次	客方人员面门而坐，主方人员背门而坐。主谈者居中就座，其他人依身份的高低，各自先右后左、自高而低地分别在己方一侧就座
	竖桌式座次	进门的方向为准，右侧由客方人士就座，左侧则由主方人士就座。其他与横桌式排座相仿
	自由式座次	各方人士在谈判时自由就座，无须事先正式安排座次，讲究各方人员尽量同时入场就座，主方人员不宜在客方人员之前入座
	主席式座次	面向正门设置一个主席位，由各方代表发言时使用，各方代表发言后，台下就座

训练内容

【情境训练】

（1）以东道主的身份布置一个双边谈判室。

（2）小组进行谈判仪表和服饰的准备，课堂展示并说明理由。

（3）分小组，演示双边谈判的横桌式座次名签摆放，并入座（小组人员分工不同角色，并根据角色安排）。

（4）分小组，演示双边谈判的竖桌式座次名签摆放，并入座（小组人员分工不同角色，并根据角色安排）。

（5）小组分角色表演谈判代表入座后的介绍和见面礼仪。

训练手记：

_____。

【案例讨论】

案例1

冶金公司总经理秘书王敏协助工程师与美商进行谈判，购买一套先进的组合炉。他们查找了大量有关冶金炉的资料，对国际市场组合炉的行情以及这家美国公司的历史和现状、经营情况做了大量调查。谈判开始，美商报价150万美元，王敏列举各国的成交价格，美商最终接受了80万美元的成交价格。在购买冶金自动设备的谈判环节，美方报价230万美元，中方报价100万美元，美方表示中方没有谈判的诚意，中途要离场，王敏和中方谈判人员依然优雅的道谢和表示期待双方能有合作机会。中方谈判人员在双方分歧较大的情况下，没有急于让步的决定来自于谈判前的充分准备，因为对方去年卖给法国同样的设备，只有95万美元。一个星期后，美商主动联系再次洽谈，王敏报出了美商与法国成交的价格，双方在进一步沟通的基础上，结合市场行情最终以101万美元成交。

思考：王敏代表的中方公司为什么能在谈判中成功？

我来说：

_____

_____

_____

_____。

案例2

天意公司派出年轻能干的吕先生带队到宏远公司洽谈双方合作的事宜。吕先生去了不久后，对方打电话要求天意公司换人进行洽谈，否则将终止洽谈，放弃合作。天意公司负责人表示不解，对方解释虽然是小事，但吕先生跷着"二郎腿"，仰靠沙发的举止确实让人不舒服；尤其是当宏远公司的代表谈合作的想法时，吕先生不是转动手中的笔就是东张西望，让宏远公司看不到合作的诚意。

思考：谈判过程中应该注意哪些礼仪，吕先生的做法有哪些不得体的地方？

我来说：

_____

_____

_____

_____。

知识链接

一、商务谈判准备礼仪

（一）确定谈判人员

综合考虑谈判人员在知识和心理方面的素质，根据对方谈判人员的权限，选择合适的人员组成谈判的团体，各成员的知识结构要具有互补性，在解决专业问题时驾轻就熟，提高谈判效率。

（二）收集谈判信息

谈判前应对谈判的主题、内容、议程做好充分的准备，制订好计划、目标及谈判策略，熟悉谈判的程序。谈判者要对自身情况全面分析的基础上，设法了解谈判对手的情况，进行针对性的策略与礼仪准备，可以取得更好的谈判效果。谈判对手的信息可以集中在以下方面：对手的实力（信誉商品等）、对手所在地区的政策、法规、习俗、风土人情以及对手是否曾有欺诈行为；谁是真正的决策者或负责人；谈判对手的个人资讯、谈判风格和谈判经历，谈判对方的主要商业伙伴、对手，以及他们彼此间关系的演化。

（三）谈判地点的选择

大型谈判可轮流在双方所在地或设在第三方处，小型的谈判可以随意些，一般由双方协商决定。如果己方做东，可能要安排对方的食宿，了解对方的风俗习惯，努力为对方安排舒适的生活环境，有利于谈判的顺利进行，也符合待客之道。商务谈判要想取得成功，除了双方互相了解，创造必备的谈判环境，合理的安排谈判的座次也是非常重要的。

圆桌谈判不分主次席位，则表达一种双方愿意合作的愿望，也便于彼此沟通；把客方放在主位，也可以表现出对谈判方的尊重。

长桌谈判彼此面对面而坐，有利于谈判双方和一方内部的信息传递与交流，同时也可以使同伴之间相互接近，在心理上产生安全感和实力感以及团结感。

不同的入座排序，表达不同的意义。正式谈判的时候，有关各方在谈判现场具体入座的位次，要求是非常严格的。从总体上讲，正式谈判排列方式分为双边谈判和多边谈判。

1. 双边谈判

双边谈判多采用长方形或者椭圆形的谈判桌；多边谈判多采用圆桌谈判。无论是长桌还是圆桌，都应该注意座位的朝向，习惯上，面对门口的座位最具有影响力。谈判中，最好的入座方法就是提前按双方职位的高低摆上名签，谈判双方直接对号入座。

谈判桌座次的排列可以分为横桌式谈判座次（图16-1）和竖桌式谈判座次（图16-2）两种。

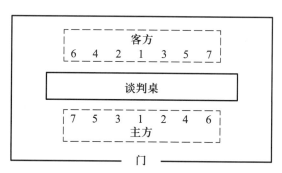

图16-1　横桌式谈判座次

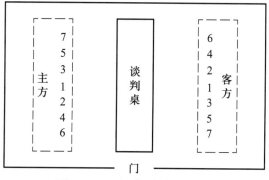

图16-2　竖桌式谈判座次

横桌式座次排列是谈判桌在谈判室内横放，客方人员面门而坐，主方人员背门而坐。除双方主谈者居中就座外，各方的其他人士则应依其具体身份的高低，各自先右后左、自高而低地分别在己方一侧就座。

双方主谈者的右侧之位，在国内谈判中可坐副手，而在涉外谈判中则应由译员就座。

竖桌式座次排列是谈判桌在谈判室内竖放，具体排位时以进门时的方向为准，右侧由客方人士就座，左侧则由主方人士就座。在其他方面，则与横桌式排座相仿。

2.多边谈判

多边谈判是由三方或三方以上人士所举行的谈判。多边谈判的座次排列，主要也可分为两种形式。

（1）自由式谈判座次。自由式谈判座次排列，即各方人士在谈判时自由就座，无须事先正式安排座次，讲究各方入会人员尽量同时入场就座，主方人员不宜在客方人员之前入座。

（2）主席式谈判座次（图16-3）。主席式谈判座次排列，是指在谈判室内，面向正门设置一个主席位，由各方代表发言时使用；其他各方人士，则一律背对正门、面对主席之位分别就座；各方代表发言后，台下就座。

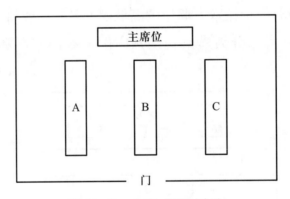

图16-3　主席式谈判座次

（四）谈判的仪表准备

出席谈判人员在仪表上必须有严格的要求和统一的规定。除非特殊的风俗要求，男士应当刮净胡须，不宜留胡子或大鬓角；女士选择端庄、优雅的发型，化淡妆，不可做过于摩登或超前的发型，不宜染彩色头发，不宜化浓妆和使用香气过浓的化妆品；服装应传统、简约、高雅、正式。

二、商务谈判过程中的礼仪

1.礼敬对手

谈判过程中要排除一切干扰，始终如一的对自己的谈判对手讲究礼貌，要有不失真诚的敬意。进入正题前轻松自然，落落大方的自我介绍，引起双方共鸣的寒暄，都是不错的开始。谈判过程中，能够面带微笑、态度友好、语言文明，恰当地运用体态语。对方表述的时候认真倾听，正确领会对方的意图。尊重谈判对方的风俗习惯，对一些不同的礼节应采取宽容和理解的态度，同时保持己方的尊严。

2. 依法办事，平等协商

商务谈判中追求利益要有限度，一切活动都要依照国家的法律行事，通过双方的协商与求同存异，实现双方的互惠互利。

3. 谈判现场要灵活

谈判中出现冷场时，东道主要灵活处理，创造友好的氛围，使谈判顺利进行下去，如果确实无法进行下去，可以适当终止休息。恰当处理与对手的人际关系，争取双方的理解与尊重。

拓展训练

丁晓珊是衡达律师事务所的办公室文秘。因为业务扩大，准备在当地繁华地带的写字楼租用上下2层约300平方米的办公区，事务所的理想价位是年租金30万元左右。她了解到该写字楼刚落成，入住的公司还不多，其他同地段差不多条件的办公区年租金大约38万元。事务所已经联系对方招租办公室的负责人，对方会有4个人一起到事务所进行合作洽谈。

提示：

（1）每两个小组分别担任事务所和招租办公室的谈判代表，进行角色分工，仪表服饰准备，并准备相关材料。

（2）事务所一方要做好东道主的接待准备工作。

（3）小组进行模拟谈判并拍摄视频，重在展示谈判前，谈判中的基本礼仪规范。

（4）观看视频，小组交流谈判中的礼仪展示是否得体，针对问题提出改进意见。

任务评价

实训评价表

评价项目	评价标准	分值	自评分	小组评分	综合得分
谈判准备礼仪	谈判人员在知识和心理上具有一定的互补性	10			
	明确谈判的主题、内容、议程，制订好计划、目标及谈判策略，熟悉谈判的程序，了解对方的相关信息	20			
	创设合适的谈判环境，根据出席方的人员情况恰当安排座次	20			
	服饰仪表得体，符合谈判人员着装要求	10			
谈判过程中的礼仪	尊敬谈判对象，恰当运用交际礼仪	10			
	依法办事，平等协商，求同存异，实现双方的互惠互利	10			
	灵活掌控现场，恰当处理冷场，创造良好的氛围，处理好双方的人际关系	20			
总分		100			
努力方向		建议			

任务17 商务庆典礼仪

任务目标

● 能够根据活动主题的要求，拟定庆典活动的方案。

● 能够参与庆典活动的组织与接待工作。

● 出席庆典活动行为举止得体。

任务情境

　　于程所在房地产公司举行10周年庆典活动，在公司组织各项活动的基础上，面向社会各界安排了大型文艺晚会，其中有于程喜欢的歌星登台献艺。

庆典进行到上级领导和来宾讲话环节时，有些员工一心盼望着晚会演出快点开始。一位嘉宾在发言中谈起了公司的发展历史以及自己对公司的感情，并对年轻一代表达了自己的期望，发言还没结束，台下于程就和一些年轻人开始议论，最后是打口哨、喝倒彩、无来由的鼓掌……嘉宾草草结束了发言，尴尬离场。

于程和有些员工的行为是否符合参加庆典人员的礼仪要求？会给公司带来哪些负面的影响？

任务解析

庆典活动是组织针对某些具有重大纪念意义的日子或事件举行的礼仪活动。成功的庆典活动可以增强全体员工的凝聚力和荣誉感，提升公司的知名度。遵循必要的组织礼仪和参加礼仪，有利于庆典活动各项工作有序开展，并且能够通过出席人员得体的临场举止宣传组织、树立良好的公众形象。商务庆典礼仪的操作要点见表17-1。

表17-1　商务庆典礼仪的操作要点

操作项目	操作内容	操作标准
组织礼仪	确定出席人员	围绕活动宗旨确定名单，及早发出邀请，并掌握来宾的出席情况
	现场布置	根据活动的具体要求选择合适的地点，适当美化，并做好音响方面的准备
	来宾接待	成立接待小组，进行统一培训，热情细致
活动程序	预备工作	就座，介绍嘉宾
	宣布开始	奏乐和相关仪式
	主人致辞	表示感谢，突出可庆祝之处
	嘉宾讲话	和嘉宾提前约定
	专项活动	可有可无，围绕活动主题根据实际情况安排
出席礼仪	仪容整洁	男士忌蓬头垢面，女士化淡妆，佩戴首饰得体
	服装规范	男士着深色系的正式中山装套装或西服套装，女士应穿颜色素雅的西服套裙或连衣裙；主办方最好统一着装
	遵守时间	参加人员应提前或准时抵达活动现场，活动要按时开始和结束
	态度认真	主办方人员做好本职工作，注意树立单位的良好形象；受邀参加人员忌做与活动无关的工作
	发言简练	充分准备，沉着上场，礼貌发言，忌随意发挥和拖延时间

【情境训练】

（1）学校举行50周年校庆，小组讨论拟出参与校庆活动的重要领导和来宾名单。

（2）编制一份50周年校庆活动的程序。

（3）小组讨论，针对学校50周年校庆活动的现场布置提出建议。

（4）小组讨论校庆活动中本校出席人员的着装并进行展示，小组间进行交流和探讨。

（5）针对校庆活动中的接待和举行仪式的环节，设计情境，分角色模拟表演。

训练手记：

_____

_____。

【案例讨论】

案例1

　　大富源超市举行5周年庆典，活动中安排当天对前50名到达现场的顾客赠送精美礼品。庆典当天，超市门前的活动场地一早来了上千人，由于缺乏针对性的应对措施，赠送礼品环节发生顾客拥挤踩伤人的突发事件。这次庆典没有达到预想的目的，反而成了负面的宣传。

　　思考：大富源超市的庆典活动为什么会造成负面宣传？你认为该如何组织这一庆典活动？

　　我来说：

_____

_____

_____

_____。

案例2

　　百姓剧场举行10周年庆典活动，邀请各界嘉宾出席。庆典活动进行得十分顺利，但在致辞环节出现了一个小插曲，主持人热情地说："今天出席庆典的嘉宾很多，我们注意到商场的创业元老也来到了现场，我们有请张先生说几句话。"台下的张先生一下子没反应过来，事前并没有人提前打招呼让他发言，根本没有什么准备，主持人一再盛情邀请，张先生只好上台，发言不是忘词，就是支支吾吾，台下传来观众的笑声，张先生非常尴尬。

思考：

（1）在这种场合，主持人请张先生上台发言合适吗？

（2）你认为这次庆典活动中有哪些失礼的地方？

我来说：

_____

_____

_____

_____。

知识链接

一、庆典活动的组织礼仪

庆典活动是各种庆祝仪式的统称，综合活动内容来看，主要有四类：第一类是周年庆典；第二类是荣誉庆典；第三类是业绩庆典；第四类是发展庆典。庆典活动的宗旨一般是塑造组织的形象、显示组织的实力、扩大组织的影响。确定庆典活动的出席者、来宾接待、现场布置、庆典程序等环节要遵守一定的礼仪规范。

（一）根据活动主题选择合适的形式，制订方案并确定出席的人员

庆典活动应该精心设计，内容和形式均应服务于活动的主题，并根据实际情况制订方案，明确分工，充分考虑各种细节。不仅要办出特色，还要综合人力、物力和财力的实际情况，从组织的需要和公众的需要出发进行统筹安排。

确定庆典活动的出席者不应当使对方为难，也不应当找人充数，要围绕活动宗旨确定名单，一般会邀请上级领导、社会名流、大众传媒、合作伙伴、社区单位、公司员工等。名单拟定后，应及早发出邀请，请柬最好在举办活动前3天到达出席者手中，请柬中应写明庆典原因、方式、时间和地点，特别的宾客还要采用电话等方法进行双重邀

请，并掌握来宾的出席情况。鉴于出席人员甚多，除非万不得已，庆典活动不应取消、改期或延期。

（二）来宾接待

相比较一般商务交往的来宾接待，对于出席庆典活动的来宾接待工作，更应突出礼仪性。不但应当热情细致的照顾好来宾，还应当通过接待工作，使来宾感受到主人真挚的尊重和敬意。应当成立专门的接待小组，接待人员在统一礼宾培训基础上做好以下工作：迎送、引导、有关来宾的陪同、来宾的招待。

（三）现场布置

庆典活动现场的安排、布置是否恰当，直接关系到庆典留给全体出席者的整体印象。根据庆典礼仪的要求，组织员工布置庆典现场时要注意以下几个方面。

1. 地点的选择

结合庆典和规模、影响力以及本公司的实际情况来决定。在室外举行庆典时，要避免噪声影响周边，妨碍交通或治安，避免顾此失彼。

2. 环境的美化

反对铺张浪费的前提下量力而行，形式要适度。

3. 场地的大小

现场并不是越大越好，应根据出席者的人数确定大小，避免拥挤导致人心烦乱，也要避免过大产生冷清的感觉。

4. 音响的准备

供来宾讲话使用的麦克和传声设备应确保没有问题，庆典前后播放的音乐应仔细审查，避免喧宾夺主或负面影响。

（四）庆典的程序

庆典活动的成功与否和程序安排有密切关系。整个活动的时间不适合太长，一般以一个小时为限，避免时间过长，不仅是为了保证效果，也是对全体出席者尤其是来宾的尊重，活动的程序也不要过多，以免分散出席者的注意力，并给出席者留下凌乱的印象。常规来看，庆典活动大致包括以下程序。

1. 预备工作

请来宾就座、保持现场安静，介绍嘉宾。

2. 庆典开始

宣布庆典开始、奏乐。

3. 主人致辞

对来宾表示感谢，介绍庆典的缘由，重点是报捷，突出可庆祝之处。

4. 嘉宾讲话

提前约定，对外来贺电、贺信不必一一公布内容，但应当公布署名单位或个人，可以按照"先来后到"的顺序公布，或者按照具体名称的汉字笔画等进行排列。

5. 专项活动

根据实际情况可安排文艺演出，组织来宾参观、宴请等活动。这些活动可有可无，应当慎选内容，不要有悖于庆典的主旨。

二、参加庆典活动的礼仪

举行庆典活动之前，主办单位应当对全体员工进行必要的礼仪教育。规定好有关事项，避免因为精神风貌不佳，举止行为不当，形成对组织形象的"负面宣传"。参加庆典的人员，应当以自己得体的举止表达对主人的敬意和对庆典的尊重。

（一）庆典活动主办方人员礼仪

1. 仪容整洁

注重自身仪容的修饰，做到干净整洁，身体无异味。男士要刮净胡须，避免蓬头垢面，女士画淡妆，不戴式样夸张、数量繁多的首饰。

2. 规范服装

主办方出席人员应统一着装。有统一式样制服的单位，应要求以制服作为本公司人士的庆典着装。无制服的单位应规定出席者穿礼仪性服装，如深色的中山装或西装套装、套裙，不可穿着休闲装或运动装。如有可能，本公司出席者的服饰统一起来，是最好的选择。

3. 遵守时间

主办方人员应提前或准时抵达活动现场，如果庆典的起止时间已有规定，则应当准时开始，准时结束。

4. 态度友好

主办方所有参与人员都应对来宾态度友好。遇到来宾，要主动热情地问好。对来宾提出的问题，应立即给予友善的答复。当来宾需要帮助时，积极友善地提供帮助。

5. 行为自律

严格要求自己的举止，确保典礼的顺利与成功，不因言行失当而有损本单位形象。

主办方人员要严肃认真地参加庆典活动，来宾致辞后应主动鼓掌表示感谢。不迟到、不随便缺席或中途退场，言行举止都要考虑到自己代表的是单位形象。

6. 发言凝练

单位员工代表公司在庆典活动中发言时要注意四个方面：一是上下场要沉着冷静，走向讲坛要不慌不忙，不要疾奔或慢吞吞的，开口说话应平心静气；二是讲究礼貌。发言开始，勿忘得体称谓和问好，提及感谢对象时，应目视对方，在表示感谢时应郑重地欠身施礼，讲话结束应说"谢谢大家"；三是发言一定要在规定的时间内结束，宁短勿长，不要随意发挥；四是少做手势，尤其是含义不明的手势在发言中要杜绝使用。

（二）参加庆典嘉宾的礼仪

1. 仪容整洁

参加庆典仪式的嘉宾仪容要整洁，并做适当修饰。整洁的仪容不仅可以体现嘉宾的修养和素质，也表达了对主办方的敬意和对庆典本身的重视。

2. 着装规范

男士应穿深色系的正式中山装套装或西服套装，女士应穿颜色素雅的西服套裙或连衣裙，且保持服装干净、整洁，不能穿便装出席。

3. 准时到场

嘉宾应准时到场，不应无故缺席或中途退出，如有特殊情况不能到场，应尽早通知主办方，给主办方做好相关变更的准备时间。

4. 态度认真

应认真参与庆典的每一个程序，不乱走、乱转，与周围人说悄悄话，不做与庆典无关的事，不要做出对庆典毫无兴趣的姿态。嘉宾在致贺词时应准备或熟悉发言稿，注意遣词造句，不说与庆典场合不符的言语。

拓展训练

李敏所在酒店升格为五星级涉外酒店，针对酒店这几年的良好发展势头，公司借此机会要举行一个庆典活动。作为酒店经理助理的李敏全权负责本次庆典活动的策划组织工作。

要求：

（1）以组为单位帮助李敏设计一份完善的庆典活动方案。

（2）根据拟定好的活动方案，创设相关情境，模拟表演整个庆典活动的组织与接待工作，可以针对各项工作的开展情况录像，组织进行交流和分析。

任务评价

实训评价表

评价项目	评价标准	分值	自评分	小组评分	综合得分
庆典组织礼仪	围绕活动主题，确定出席名单，掌握来宾出席情况	10			
	地点选择恰当，环境装饰符合活动需要，忌铺张浪费	10			
	方案细致，分工明确，活动程序合理	10			
	庆典的音响和其他设备准备充分，考虑周全	10			
接待礼仪	接待工作准备充分，人员分工明确，接待礼仪规范	10			
	接待人员热情周到，着装统一	10			
出席礼仪	仪表整洁	10			
	服装规范	10			
	按时出席	10			
	态度认真，举止得体	10			
总分		100			
努力方向		建议			

任务目标

● 懂得中餐的相关礼仪规范。

● 能够制订适宜的宴请计划。

● 能够正确安排中餐宴会的桌次和座次。

● 具备举办中餐宴会的组织接待能力。

 任务情境

　　环宇公司今晚要正式宴请美国最大的客户Fresh公司，答谢他们一年来给予的支持，该公司中国区总裁张明等一行人将参加晚宴。孙丽已按照王总的要求，认真制订了宴请计划，拟定了宴会日程，提前发出了邀请函，并安排好了酒店和菜单。

　　当天上午9：30，孙丽再次落实了酒店的宴会厅和菜单，为晚上的正式宴请做准备。她统计宾主双方共有8位，安排放好了桌卡。下午6：00，孙丽提前半个小时到了酒店，检查晚宴的安排情况并在现场做准备工作。她找到领班经理，再次讲了重点事项，并和他一起再次检查相关工作的准备。

　　孙丽摆放桌卡时，虽然知道相关礼仪知识，为了慎重从事，征求了领班经理的意见。她把王总的桌卡放在主人位上，再将对方张总裁的桌卡放在主人位子的右边……

　　晚宴的一切准备工作就绪，孙丽看了看时间还差一刻钟，就到酒店的大堂内等候。王总一行提前10分钟到了酒店门口，孙丽送他们到宴会厅时简单汇报了安排。随即又返回酒店大堂，等待张总裁一行人的到来，并将准时到达的客人引导至宴会厅。

　　晚宴顺利进行着，宾主双方笑逐颜开，客户不断夸奖菜的味道不错，正合他们的胃口。当领班经理带领服务员像表演节目一样端上本地特色菜肴时，客人开心大笑起来，称赞道，"你们的工作做得真细致。"王总高兴地说："这都是孙丽的功劳。"

任务解析

在商务活动中，宴请是协调关系、联络感情、消除隔阂、增进友谊、加强团结、求得支持、促进合作的一种常见的社交活动，有着严格的礼仪要求。中餐历史悠久，无论你是主人，抑或只是一位客人，都必须掌握一些礼仪规范。

我国是一个注重"民以食为天"的国度，宴请礼仪历来备受重视。一次重要的宴请活动要想成功，充分准备是关键，良好沟通是前提，通晓礼仪是法宝。正如"任务情境"中的孙丽正因为做好了以上几点，所以得到了客人和领导的好评。中餐宴会礼仪的操作要点见表18-1。

表18-1　中餐宴会礼仪的操作要点

操作项目	操作要求	操作标准
准备礼仪	（1）根据宴请的目的、对象确定宴请的规格、形式、地点并发出邀请 （2）根据客人的特点和口味选择确定菜单 （3）确定桌次和座次。主桌确定的原则是面门定位、以远（门）为上、以右（面对门）为上，临台为上。座次排列的原则是面门为上、以右为上、居中为上	准备工作要周全、细致，充分考虑来宾的喜好和禁忌。请柬要适时发出；席位安排既要符合礼宾次序又要有利于增进友谊和席间交谈
用餐礼仪	（1）宾主按时出席，衣着得体 （2）礼貌入座，坐姿端庄，双肘不放于桌上，不把玩餐具或者其他物品 （3）文雅用餐，取菜适量，相互礼让，咀嚼无声 （4）使用公筷夹菜放入自己的碟中然后再用自己的筷子或勺子夹取食用；不擅自为他人夹菜，添饭 （5）席间不谈涉及民族、政治、宗教等引起争执的话题 （6）不当众修饰 （7）席间离开要打招呼	不管是作为主人还是作为客人，应当准时赴宴，文明用餐，不犯禁忌；举止得体，言谈要适度，席间不可大声喧哗
结束礼仪	（1）客人应当在主人开始送客后方可起身离座 （2）用餐后主人不宜当着客人面结账 （3）主人应当在门口送别客人，必要时，要为客人安排车辆 （4）用餐结束后，客人应礼貌和主人道别，并对主人表示感谢；如在主人家，则不可逗留太久	主人应在适当时机结账，送客时，应鞠躬致意，等客人完全离开视线后方可返回

【情境训练】

（1）课前收集中餐用餐礼仪和禁忌等知识，分组交流，反思自己在餐桌上的表现，检查自己是否注意了用餐礼仪？有哪些方面做得不够好？今后打算怎么改进？

（2）分小组讨论：任务情境中的孙丽在安排宴请时是如何做好准备工作的？每个小组交流基础上选派一名代表发言。

（3）小组交流基础上帮孙丽制作一张宴请的桌次排列图，指出安排桌次的有关礼仪规范。

（4）小组交流基础上制作一张本次宴请的座次排列图，并指出安排座次的有关礼仪规范。

（5）分小组模拟演练孙丽在酒店大厅迎接客户和引导客户就座的情景。

（6）请你为王总准备一份祝酒词，以备在晚宴上致词用。

训练手记：

_____。

【案例讨论】

案例 1

与同事一起外出参加宴会时，公司员工李凯因为举止有失检点，从而招致了大家的非议。

李凯当时在宴会上为了吃得畅快，不停减轻身上的"负担"，他先是松开自己的领带，接下来又解开领扣、松开腰带、卷起袖管，到了最后，竟然悄悄地脱去自己的鞋子。尤其令人感到不快的是，李凯在吃东西时发出响亮的咀嚼声。

李凯在宴会上的此番表现，不仅令他身边的人瞠目结舌，同事们也感到无地自容。大家认为李凯：丢了自己的人，丢了单位的人，也丢了大家的人。

思考：

（1）参加宴会应该注意哪些用餐礼仪？

（2）李凯在餐桌上的不良表现有哪些不利影响？

我来说：

_____

_____

_____

_____ 。

案例2

　　宏图贸易公司年底为表示对客户的谢意，召开了客户联谊会，会后共进晚餐。负责接待工作的王芳根据上司的指示和宴会惯例，安排桌次座位。这次宴会共设3桌（圆桌），餐厅正面靠墙为主桌，编1号，靠入口处为2、3桌，摆成三角形，突出主桌，重要客户在主桌。为方便来宾入席，王芳特意做了座位名签，并摆放在桌上。有一位重要的客人王女士入席时却找不到座位，出现了十分尴尬的场面。原来王芳给王女士发过邀请函，但没有收到她的回复，后来电话确认时，打了两次电话都没有打通，王芳就认为王女士应该是不会参加宴会了，所以就没有为王女士准备座位，让王女士很不满意。

　思考：

　（1）王芳怎么做才能避免出现这样的尴尬局面？

　（2）此案例对你有何启示？

　我来说：

_____

_____

_____

_____ 。

知识链接

一、中餐宴会的准备礼仪

（一）制订宴请计划

1. 确定宴请的目的

宴请的目的多种多样，可以表示欢迎、欢送、答谢，也可以表示庆贺、纪念、节庆聚会、工作交流、会议闭幕，还可以是为某一事件、某一个人等。

2. 确定宴请的对象和范围

宴请哪些人，请多少人参加都应当事先明确。要了解主宾的身份、国籍、习俗、爱好、禁忌等，以便确定宴会的规格、地点、菜系等。

（二）拟定宴会日程

1. 时间的确定

确定正式宴会的具体时间，要讲究主随客便；主人不仅要从自己客观能力出发，更要优先考虑被邀请者，特别是主宾的实际情况。如果可能，应该先和主宾协商一下，力求两相方便，最好尽可能提供几种时间上的选择，以显示自己的诚意。一般来说，宴会的时间不应与宾客工作、生活安排发生冲突，通常安排在晚上6~8时，同时还应注意在宴请时间上要尽量避开对方的禁忌日。

2. 地点的选择

选择宴请的地点，要根据主人意愿、邀请的对象、活动性质、规模大小及形式、商谈的内容等因素来确定。一场宴会，少则十几人，多则上千人，要想让一种宴会环境满足所有赴宴者的心理要求是很难的，这就要求我们在尽量满足大多数赴宴者的客观要求的同时，侧重迎合少数特殊人物的心理要求。当主宾的地位、身份、影响高于主人时，以主宾为主；当主宾的身份、地位低于主人时，则要以主人为主；会议宴请，要以会务组人员及大会主席为主。

为了表示主人对客人的尊重，宴请可选在传统名店或星级饭店，甚至专选在四星级、五星级饭店中进行；为了显示主人的热情和主客之间亲密无间的情谊，有的宴请也可以安排在主人家里；为了尊重少数民族客人的民族习惯，有的宴请也选择在民族饭店举行。

3. 宴请活动的主题

应提前告知宴请活动的主题，比如欢迎、庆祝、纪念、答谢等，让来宾了解宴请的大概内容，便于安排赴宴。

（三）落实宴会事宜

1. 发出邀请

宴请活动一般先发邀请，邀请的形式有两种，一是口头邀请，二是书面邀请。口头邀请是当面或者通过电话把活动的目的、名义以及邀请的范围、时间、地点等告诉对方，然后等待对方答复，对方同意后再作活动安排。书面邀请也有两种方式，一种是比较普遍的发"请帖"；还有一种就是写"便函"，这种方式目前使用较少。书面邀请应注意以下礼仪：

（1）掌握好发送时间　国内一般按被邀请人的远近，以提前3~7天为宜。过早，客人可能会因日期长久而遗忘；太迟，使客人措手不及，难以如期赴约。

（2）发请柬的方法　请帖上面应写明宴请的目的、名义、时间、地点等，然后发送给客人。请帖发出后，应及时落实出席情况，做好记录，以安排并调整席位，即使是不安排席位的活动，也应对出席率有所统计。

2. 确定菜单

菜单的确定对宴请的成功至关重要，菜单的安排马虎不得，在宴请前，主人需要事先对菜单进行再三斟酌。在准备菜单的时候，要了解客人的喜好和禁忌，要着重考虑哪些菜可以选用、哪些菜不能选用。一般情况下，优先考虑的菜肴有"三特一拿手"。

（1）有中餐特色的菜肴　宴请外宾的时候，这一条更要重视。像炸春卷、煮元宵、蒸饺子、狮子头、宫爆鸡丁等，并不是佳肴美味，但因为具有鲜明的中国特色，所以受到很多外国人的推崇。

（2）有本地特色的菜肴　比如西安的羊肉泡馍，湖南的毛家红烧肉，上海的红烧狮子头，北京的涮羊肉，在当地宴请外地客人时，上这些特色菜，恐怕要比千篇一律的生猛海鲜更受好评。

（3）本餐馆的特色菜　很多餐馆都有自己的特色菜，上一份本餐馆的特色菜，能说明主人的细心和对被请者的尊重。

（4）主人的拿手菜　举办家宴时，主人一定要当众露上一手，多做几个自己的拿手菜。所谓的拿手菜不一定十全十美，只要主人亲自动手，单凭这一条，足以让对方感觉到你的尊重和友好。

3. 确定桌次、座次

在中餐宴请活动中，往往采用圆桌布置菜肴、酒水。排列圆桌的尊卑次序，有两种情况：

第一种情况，是由两桌组成的小型宴请。这种情况，又可以分为两桌横排和两桌竖排的形式。当两桌横排时，桌次是以左为尊，以右为卑。这里所说的右和左，是根据面对正门的位置来确定的。当两桌竖排时，桌次讲究以远为上，以近为下。这里所讲的远近，是以距离正门的远近而言（图18-1）。

第二种情况，是由三桌或三桌以上的桌数所组成的宴请。在安排多桌宴请的桌次时，除了要注意"面门定位""以右为尊""以远为上"等规则外，还应兼顾其他各桌距离主桌的远近。通常，距离主桌越近，桌次越高；距离主桌越远、桌次越低（图18-2、

图18-3）。

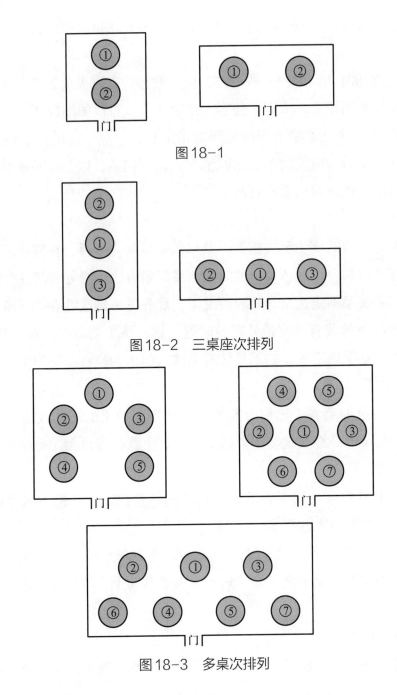

图18-1

图18-2　三桌座次排列

图18-3　多桌次排列

安排桌次时，所用餐桌的大小、形状要基本一致。除主桌可以略大外，其他餐桌都不要过大或过小。

为了确保在宴请时赴宴者及时、准确地找到自己所在的桌次，可以在请柬上注明对方所在的桌次、在宴会厅入口悬挂宴会桌次排列示意图、安排引位员引导来宾按桌就座，或者在每张餐桌上摆放桌次牌（用阿拉伯数字书写）。

宴请时，每张餐桌上的具体座次也有主次尊卑的分别。排列座次要综合考虑以下方面。

一是主人大都在主桌面对正门就座。

二是举行多桌宴请时，每桌都要有一位主人的代表在座。位置一般和主桌主人同向，有时也可以面向主桌主人。

三是各桌位次的尊卑，应根据离本桌主位的远近而定，以近为上，以远为下。相同的位次，右为尊，左为卑。

四是每张餐桌上所安排的用餐人数应限制在10人以内，最好是双数。比如，六人、八人、十人。人数过多，不仅不容易照顾，而且也可能坐不下。

根据上面四个位次的排列方法，圆桌位次的具体排列可以分为两种具体情况。它们都是和主位有关。

第一种情况：每桌一个主位的排列方法。特点是每桌只有一名主人，主宾在右首就座，每桌只有一个谈话中心（图18-4）。

第二种情况：每桌两个主位的排列方法。特点是主人夫妇在同一桌就座，以男主人为第一主人，女主人为第二主人，主宾和主宾夫人分别在男女主人右侧就座。每桌从客观上形成了两个谈话中心（图18-5）。

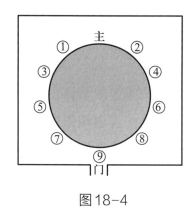

图18-4　　　　　　图18-5

如果主宾身份高于主人，为表示尊重，也可以安排在主人位子上坐，而请主人坐在主宾的位子上。为了便于来宾准确无误地在自己位次上就座，除招待人员和主人要及时加以引导指示外，应在每位来宾所属座次正前方的桌面上，事先放置醒目的个人姓名座位卡。举行涉外宴请时，座位卡应以中、英文两种文字书写，中国的惯例是，中文在上，英文在下，必要时，座位卡的两面都书写用餐者的姓名。

二、中餐用餐礼仪

1.引客入座

宴会开始之前，主人应站在门口迎接客人并与每一位来宾打招呼。当客人到齐后，主人应回到餐厅，热情招待来宾。如果来宾之间并不熟悉，主人要为客人一一介绍，使彼此有所了解，以增进宴会的友好气氛。一般应该按预先排好的座位，依次引导客人入座。如果客人有坐错座位的，一般应"将错就错"，或很巧妙地加以换座，注意不要挫伤客人的自尊心。

应邀出席宴会活动，应听从主人的安排，在进入宴会厅之前先掌握自己的桌次和座位。入座时注意桌上坐席卡是否写有自己的名字，不可随意入座。如邻座是长者或女士，应主动协助，帮助他们先坐下。入座后坐姿要端正，不可用手托腮或将双臂肘放在桌上。坐时应把双脚踏在本人座位下，不可随意伸出，影响他人，不可玩弄桌上的酒杯、碗盘、刀叉、筷子等餐具。

2. 学会祝酒

举杯祝酒时，主人和主宾先碰，人多时可以同时举杯示意，不一定碰杯。祝酒时不可交叉碰杯。在主人和主宾祝酒、致词时应停止进餐，停止交谈。主人和主宾讲话完毕与贵宾席人员碰杯后，往往到其他席敬酒，此时应起立举杯。碰杯时要注视对方，以示敬重友好。宴会上相互敬酒表示热烈的气氛，但切忌饮酒过量，一般应控制在本人酒量的1/3以内，不可饮酒过量失言失态。如不能喝酒，可以礼貌的声明，但不可以把杯子倒置。

3. 注意交谈

坐定后，如已有茶，可轻轻饮用。无论是主人还是宾客或陪客，都应与同桌的人交谈，特别是左邻右座，不可只与几位熟人或一两人交谈；若不相识，可自我介绍。谈话要掌握时机，要视交谈对象而定，不可只顾自己一人夸夸其谈，或谈一些荒诞离奇的事而引人不悦。

4. 文雅进餐

宴会开始时，一般是主人先致祝酒词，此时应停止谈话，不可吃东西，注意倾听。致辞完毕，主人招呼后，即可开始进餐。

进餐时要注意举止文雅，应注意个人形象，遵循用餐礼仪；不要主动为别人夹菜、添饭。取菜时不可一次过多，也不要左顾右盼，翻来覆去，在公用的菜盘内挑挑拣拣。多人一桌用餐，取菜要注意相互礼让，依次而行，取用适量。盘中食物吃完后如果不够，可以再取；吃东西要闭嘴嚼，不可发出声响；要将食物送进嘴里，不可伸出舌头去接食物，嘴里有食物时不可谈话。剔牙时，要用手或餐巾遮口，不可边走动边剔牙；用餐时不要当众修饰，如有必要应去化妆间或洗手间。如果有事要离开，也要先和旁边的人打个招呼，可以说声"失陪了""我有事先行一步"等。

5. 保持桌面的整洁

随时保持桌面的整洁，既能让人看着舒服，又能显示自己的修养，所以在用餐的时候要留意。对于吃剩的残渣，万万不可"呸"地吐在桌面上，而应该轻轻地吐在骨盘上，如果骨盘满了，可以请服务生帮忙换一个干净的盘子；如果不小心弄脏了桌面，要及时请服务员帮助清理。

6. 照顾同桌

在餐桌上不仅仅是一个人就餐，一般来说，我国的圆桌都会安排10个人就餐，所以还要注意到同伴的存在、留意同伴的需求、照顾好同伴，尤其是男士应该视照顾同桌的女士为自己的责任。

三、中餐结束时的礼仪

宴会结束一般先由主人向主宾示意，请其做好离席准备，然后从座位上站起，这是请全体起立的信号。一般以女主人的行动为准，女主人先邀请女主宾离席退出宴会厅。告辞时应礼貌地向主人道谢，通常是男宾先向男主人告辞，女宾先向女主人告辞，然后再与其他人告辞。一般不应提前退席，确实有事需提前退席，应向主人打招呼后离去。

送客时，主人应鞠躬致意并等待客人完全离开视线后再转身离开。

如果去家里赴宴，用餐结束后，客人不应在主人家逗留太晚。

对主人的宴请表示致谢，除了在宴会结束告辞时表示谢意之外，如果是正式宴会，还可在2~3天内将印有"致谢"字样的便函寄送或亲自送达表示感谢，有时私人宴请也需致谢。

拓展训练

碧海生物科技有限公司与康福莱贸易公司经过洽谈决定建立长期的合作关系，东道主碧海生物科技有限公司李总经理决定宴请对方以孙经理为首的5名洽谈代表。主方出席宴会的人员是李总经理、总经理助理小王、财务总监老陈和2名业务骨干；客方（康福莱贸易公司）的出席人员是：孙经理、办公室主任小李、财务主管李梅（女）、2名技术人员，孙经理是回族人。

要求:

(1)针对宴会准备工作提出建议。

(2)小组讨论安排本次宴会的座次,可以画出座次图或者现场布置,针对座次安排说明理由。

任务评价

实训评价表

评价项目	评价标准	分值	自评分	小组评分	综合得分
中餐的准备礼仪	宴请计划制订合理	10			
	桌次、座次安排符合礼仪规范	15			
	菜单设计合理	10			
用餐礼仪	入座礼仪规范	10			
	交谈有礼、举止文雅	10			
	致辞敬酒得体	10			
宴会结束时的礼仪	离席顺序正确,语言举止合乎规范	10			
综合表现	组织严密,小组成员间配合较好	10			
	态度认真,知识演示全面	15			
总分		100			
努力方向		建议			

任务 19
西餐宴会礼仪

任务目标

- 掌握西餐宴请的礼仪规范。
- 能够安排西餐的座次席位。
- 熟悉西餐餐巾、餐具的使用方法。
- 具备举办西餐宴会的组织接待能力。

 任务情境

魏华通过应聘进入环宇贸易公司，在市场营销部工作，由于年轻能干，市场开拓能力强，业绩突出，进入公司不久，便受到了领导的赏识和肯定，并成为王总的秘书。

6月份，将有重要的美国客户来公司洽谈业务，为了洽谈的成功，做成这笔生意，公司从众多的业务骨干中挑选合适的谈判人员参加此次洽谈会，并准备从中发现市场部部长人选。

5月底的一个晚上，王总在市区一家不错的西餐厅宴请这几位业务骨干，魏华也在其中。在餐桌上，魏华发现生活中的王总更加平易近人，非常随和，于是，一向大大咧咧的他更是放得开了，一心想着晋升的他也想趁着这次机会，好好表现一下。

为了显示自己的热情，餐桌上，魏华忙得不亦乐乎，给领导切牛排、割鸡腿，又是给领导分蛋糕，取点心，弄得杯、盘、刀、叉、碟等不时发出碰撞声，嘴上、手上弄得到处是油，桌子、地毯上也沾上了油渍和污秽。公关部部长给他使了几次眼色，他都全然没有注意到。

刚上的汤比较烫，为了加快汤的冷却，他一边用汤匙搅着热汤，一边用手在汤碗上方不停地扇动。后来，又用刀子切了块面包放进汤中，然后用叉子将面包叉出来吃，样子很不雅观。

上酒后，魏华又站起来准备给王总斟酒，被服务员拦住，他才意识到不需要自己倒酒。待服务员倒好酒后，王总向他举杯说："辛苦了，小魏！你坐着休息一会吧！"

魏华在餐桌上的表现毁掉了他参加业务洽谈的机会，市场部部长的职位也无缘于他。后来同时参加宴请的小陈被提拔为市场部部长，魏华为此感到纳闷：论业绩我们差不多，甚至我还比他好，为什么自己得不到提拔？后来，他才明白：那一顿饭下来，王总很欣赏小陈在陪同用餐时的一些细微的举止表现。王总说："他在用西餐时的表现，让我感到他是一个有良好教养的人。"

任务解析

西餐礼仪是西餐礼节、仪式的统称，是一套约定俗成的带有浓厚的西方民族文化背景的一种饮食习俗，也是西方国家人际交往中的一种艺术。西餐已经进入中国好多年了，越来越多的中国人喜欢这种餐饮方式，尤其是商务活动中，宴请外国客户时，西餐经常成为首选。因此，掌握西餐礼仪是商务人员的必备素质。"任务情境"中的魏华，就是因为不懂西餐礼仪而失去了机会。西餐礼仪的操作要点见表19-1。

表19-1　西餐礼仪的操作要点

操作项目	操作规范
西餐的准备礼仪	（1）注重仪容仪表，女士要穿晚礼服或套装和有跟的鞋子，女士要根据宴请的正式程度适当化妆，如果指定穿正式的服装的话，男士必须打领带。赴宴前，男士还应整理仪表，理发，修面 （2）遵守时间，出席西式宴请，应该按照约定的时间到达 （3）合理安排座次，西餐席位安排的原则是女士优先、距离定位、以右为尊、面门为上和交叉排列
用餐礼仪	（1）西式宴请，最得体的入座方式是从左侧入座 （2）来宾入座后，主人应准时开席 （3）用餐前，把餐巾打开铺在膝盖上，餐后叠好放在盘子右边。席间临时离开，将餐巾放在椅子上。女主人铺开餐巾，暗示用餐开始；女主人将餐巾放在餐桌上，暗示用餐结束 （4）餐具的使用，应该按照从外而内的顺序取用刀叉。左手持叉，右手持刀 （5）注意刀叉语言。继续用餐：刀右叉左，刀口向内，叉齿向下，呈"八"字形摆在餐盘上。用餐结束：刀口向内，叉齿向上，刀右、叉左并排放在餐盘上
宴会结束时的礼仪	（1）离席时，应当让身份高者、年长者和女士先离开座位 （2）宴请活动后，第二天应再次向主人表示感谢

训练内容

【情境训练】

（1）课前收集西餐用餐礼仪和禁忌等知识，小组制作课件，课堂展示。

（2）分小组讨论：魏华用餐时有哪些失礼的表现？每组选派一名代表发言。每2人一组，设计场景，进行入座礼仪练习。

（3）分小组设计场景，模拟演练用餐开始、用餐结束、暂时离开时餐巾的使用方法。

（4）分小组设计场景，模拟演练"继续用餐"和"用餐结束"的刀叉语言。

（5）分组设计西餐宴会场景，模拟演练男女主人、宾客等不同角色参加西餐宴会，并坐在一张餐桌上，使用不同的餐具；说明这些餐具摆放、使用的方法，并说明要领和禁忌。小组录像并展播。

训练手记：

_____。

【案例讨论】

案例1

小张和刘小姐是老同学。一天，小张请刘小姐在一家新开张的西餐厅就餐叙旧，小张点了海鲜大餐，刘小姐则点了烤羊排，主菜上桌，两人的话匣子也打开了，小张边听刘小姐聊起童年往事，边吃着海鲜，心情愉快极了，正在陶醉的当口，有根鱼骨头塞在了牙缝中。小张觉得用手掏太不雅了，所以就用舌头舔，还发出啧啧喳喳的声音，好不容易将它舔吐出来，就随手放在餐巾上。他在吃虾时又往餐巾上吐了几口虾壳。刘小姐对这些不太计较，可这时小张又想打喷嚏，急忙拉起餐巾遮嘴，用力打了一声喷嚏，餐巾上的鱼刺、虾壳飞出去，其中的一些正好落在刘小姐的烤羊排上。接下来，刘小姐话也少了许多，饭也没怎么吃。

思考：

（1）小张用餐时有哪些失礼之处？

（2）在西餐厅就餐时，应注意哪些礼仪细节？

我来说：

_____

_____

_____

_____。

案例2

老张的儿子留学归国，还带了位洋媳妇回来。洋媳妇一来，就热情地张罗着请老张一家到当地最好的四星级饭店吃西餐。用餐开始了，老张在洋媳妇面前为显示出自己也很讲究，就用桌上一块"很精致的布"仔细地擦了自己的刀、叉。面包被放在精致的器皿中端了上来，老张平时就喜欢吃面包，拿起来就咬了一大口，味道不错，老张三口两口就吃完了。吃牛排的时候，学着他们的样子使用刀叉，既费劲又辛苦，但他觉得自己挺得体的，总算没丢脸。用餐快结束了，吃饭时喝惯了汤的老张盛了几勺精致小盆里的"汤"放到自己碗里，然后喝下。洋媳妇先一愣，紧跟着也盛着喝了，而他的儿子早已是满脸通红。

思考：

（1）老张在用餐过程中，有哪些错误？

（2）你能告诉老张正确的做法吗？

我来说：

_____

_____

_____

_____

_____。

知识链接

一、西餐宴会的准备礼仪

（一）宴请的准备

西餐宴请的准备过程和中餐类似，要根据宴请的对象、目的制订计划，确定宴请的规格，根据客人的喜好预订餐厅，确定菜单等。

如果要去赴宴，则应做好以下准备。

1.仪容仪表

按照国际惯例，正式的宴请活动，会在邀请函上注明着装要求，如"黑领结""白领结"，赴宴时，

应当按照邀请函的要求着装。一般的宴请，虽不对服装提具体的要求，一般也应穿得体的正装，即使是昂贵的休闲服，也不能作为赴宴的服装。男士要穿戴整洁；女士要穿晚礼服或套装和有跟的鞋子，并根据宴请的正式程度适当化妆，如果指定穿正式服装的话，男士必须打领带。赴宴前，男士还应整理仪表，理发，修面。着装得体，仪表干净整洁，端庄大方，不仅能体现自己的形象美，也是对东道主和其他赴宴客人的尊重。

2. 遵守时间

一般西餐厅的营业时间为中午11点半至下午或晚上6点半后开始晚餐，如果客人早到了可以先在酒吧喝点酒然后再进入主餐厅。

出席西式宴请，应该按照约定的时间到达。如果到主人家赴宴，到达的时间不宜过早，否则就会让主人因为没有准备好而措手不及。西式宴请到达的时间一般是准时到达或者提前1~2分钟到达，迟到应和主人说明情况并表示歉意。

（二）西餐的座次安排

中餐一般是圆桌，西餐一般是长桌，席位的安排和中餐略有不同。西餐席位的安排原则是女士优先、距离定位、以右为尊、面门为上和交叉排列。排定用餐席位时，面对正门的位子为主位，如果主人偕夫人出场，一般女主人为第一主人，在主位就座，男主人为第二主人，坐在第二主人的位置。男主宾排在女主人的右侧，女主宾排在男主人的右侧，男女交叉排列如图19-1所示。不偕夫人出场，则主人与主宾对坐，其他人按尊卑就座（图19-2）。

偕夫人出席的场合：

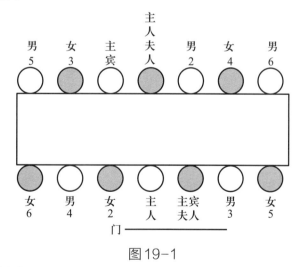

图19-1

不偕夫人出席的场合：

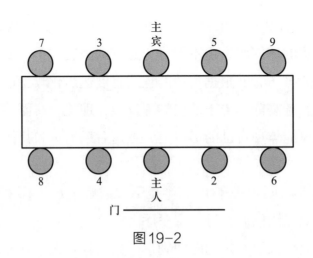

图19-2

二、西餐用餐礼仪

1. 入座礼仪

西式宴请，最得体的入座方式是从左侧入座。男士要帮助同行的女士入座。

男士把椅子背拉开后，女士身体在几乎要碰到桌子的距离站直，待椅子推进来，腿弯碰到后面的椅子时，就可以坐下来。

用餐时要保持姿态优雅，背部挺直，不要靠在椅背上，将餐巾对折轻轻放在膝上，双肘也不要放在桌面上，不可跷足，与餐桌的距离以便于使用餐具为佳。餐台上已摆好的餐具不要随意摆弄。

2. 准时开席

参加正式的西餐宴请，一定要留意女主人的餐巾，因为它能暗示宴会的开始和结束：女主人把餐巾铺在腿上，是宴会开始的标志；女主人把餐巾放在桌子上，则是宴会结束的标志。女主人应在来宾入座后，准时开席。

3. 上菜礼仪

西餐跟中餐有很大的区别，中餐往往是一桌，上满了，大家一起食用。西餐是吃一道上一道。

正式的全套餐点上菜顺序是：

（1）头盘　西餐的第一道菜是头盘，也称为开胃品。因为是要开胃，所以开胃菜一般都有特色风味，味道以咸和酸为主，而且数量少，质量较高。

开胃品常见的品种有龙虾沙律，鱼子酱、鹅肝、熏鲑鱼、奶油鸡酥盒、焗蜗牛等。

（2）汤　和中餐不同的是，西餐的第二道菜就是汤。常见的有牛尾清汤、各式奶油汤、海鲜汤、美式蛤蜊汤、意式蔬菜汤、俄式罗宋汤等。

（3）副菜　鱼类菜肴一般作为西餐的第三道菜，也称为副菜。品种包括各种淡、海水鱼类、贝类及软体动物类。通常水产类菜肴与蛋类、面包类、酥盒菜肴都称为副菜。因为鱼类等菜肴的肉质鲜嫩，比较容易消化，所以放在肉类菜肴的前面。

（4）主菜　肉、禽类菜肴是西餐的第四道菜，也称为主菜。肉类菜肴的原料取自牛、羊、猪、小牛仔等各个部位的肉，其中最有代表性的是牛肉或牛排。其烹调方法常用烤、煎、铁扒等。

禽类菜肴。禽类菜肴的原料取自鸡、鸭、鹅，通常将兔肉和鹿肉等野味也归入禽类菜肴。禽类菜肴品种最多的是鸡，有山鸡、火鸡、竹鸡，可煮、炸、烤、焖，主要的调味汁有黄肉汁、咖喱汁、奶油汁等。

蔬菜类菜肴。蔬菜类菜肴可以安排在肉类菜肴之后，也可以和肉类菜肴同时上桌，作为一道菜，也可以作为一种配菜。蔬菜类菜肴在西餐中称为沙拉。和主菜同时上桌的沙拉，称为生蔬菜沙拉，一般用生菜、西红柿、黄瓜、芦笋等制作。沙拉的主要调味汁有醋油汁、法国汁、干岛汁、奶酪沙拉汁等。

（5）甜品　西餐的甜品是主菜后食用的，可以算做是第六道菜。从真正意义上讲，它包括所有主菜后的食物，不仅有布丁、蛋糕、冰淇淋，还包括奶酪（cheese）、水果等。

（6）咖啡、茶　茶通常是指红茶，一般要加香桃片和糖。

4. 餐巾的使用方法

用餐前，把餐巾打开铺在膝盖上，餐后叠好放在盘子右边，不可将餐巾放在椅子上，也不要叠得方方正正而被误认为未用过。女士晚装的手拿包可以放在餐桌上，手提包一般放在脚边的地板上。

5. 餐具的使用

用刀、叉进餐是西餐的最重要特征之一。除此之外，西餐的主要餐具还有餐匙和餐巾，用法也要讲究。至于西餐桌上的盘、碟、杯、水盂、牙签等餐具，其基本用法同中餐相似，可参照。

（1）刀叉　如同筷子是中餐餐具的主角一样，刀叉是西餐餐具的主角。刀叉既可以分开使用，也可以共同使用。在多数情况下，二者要共同使用，所以人们在提到西餐餐具时，往往将二者相提并论。正确地使用刀叉，要做到以下几点：

一是要正确区别刀叉。在正规的西餐宴会上，讲究吃一道菜换一副刀叉。吃每道菜，都要使用专门的刀叉，既不能乱拿乱用，也不能从头到尾仅使用一副刀叉。

吃西餐正餐时，摆在每位就餐者面前的刀叉有：吃黄油的餐刀，吃鱼用的刀叉，吃肉用的刀叉，吃甜品、水果用的刀叉等等。各种刀叉形状各异，摆放的位置也不一样。

吃黄油用的餐刀，一般应横放在就餐者左手的正前方，距主食面包不远处。

吃鱼和肉用的刀叉，应当餐刀在右，餐叉在左，分别纵放在就餐者面前的餐盘两侧。由于刀叉的数目同上菜的道数是相等的，有时餐盘两侧分别摆放的刀叉会有三副之多。取用刀叉的基本原则是，每上一道菜依次从两边由外侧到内侧取用刀叉。如果没有经验、把握不准，不妨比别人慢半拍，看一下别人怎样使用。

吃甜品用的刀叉，一般横放在就餐者餐盘的正前方。

二是正确地使用刀叉。通用的刀叉使用方法主要有两种：一种是英国式的，要求在进餐时，始终右手持刀，左手持叉，一边切割，一边用叉食之，叉背朝着嘴的方向进餐，这种方式比较文雅；另一种是美国式的，先右手刀左手叉，把餐盘的食物全部切割好，然后把右手的餐刀斜放在餐盘的前方，将左手的餐叉换到右手，再品尝，这种方式比较省事。

刀可以用来切食物，也可用来把食物拨到叉上。叉用来取食物，也可以用它摁住食物，以便用刀切割时不滑脱。使用刀叉时要注意：不要动作过大，影响他人；切割食物时，不要弄出声响；切下的食物要正好一口吃下，不要叉起来再一口一口咬着吃；不要挥动刀叉讲话，也不要用刀叉指着他人；掉落到地上的刀叉不可拣起再用，应请服务员换一副。

三是要知道刀叉的暗示。如果就餐过程中，需暂时离开一下，或与人攀谈，应放下手中的刀叉，刀右、叉左，刀口向内、叉齿向下，呈"八"字形状摆放在餐盘之上，表示：此菜尚未用毕。

如果吃完了，或者不想再吃了，可以刀口向内，叉齿向上，刀右、叉左并排放在餐盘上。它表示：不再吃了，可以连刀叉带餐盘一起收走。

注意不要把刀叉摆放在桌面上，尤其不要将刀叉交叉摆放成"十"字形，这在西方人看来，是令人晦气的图案。

（2）餐匙　餐匙也是西餐不可缺少的餐具，同中餐汤匙相比，在形状和使用上，也有很多不同之处。

一是要区分不同餐匙。在正式的西餐宴会上，餐匙至少会有两把，它们形状不同，摆放的位置也不同。

个头较大的餐匙是汤匙，通常摆放在就餐者面前餐盘的右侧最外端，与餐刀并列纵放。

个头较小的餐匙是甜品匙，一般情况下，它应被横放在吃甜品用的刀叉正上方，如果不吃甜品，有时也会被个头同样较小的茶匙代替。

二是要正确使用餐匙。餐匙各有用途，不要相互代替。要注意做到：餐匙除了用于饮汤、吃甜品外，不可用于取食其他食物；不要用餐匙搅拌汤、甜品；用餐匙取食，不要过满，一旦入口，就要一次用完，不要一匙东西，反复品尝多次；餐匙入口时，要从其前端入口，不要将其全部塞入嘴中；餐匙使用后，不要再放回原处，也不要将其插入菜肴或"直立"于餐具之中。

三、西餐结束时的礼仪

西餐中，女主人把餐巾放在餐桌上，就意味着用餐结束，请客人告退。离席时，应当让身份高者、年长者和女士先离开座位。参加宴请活动后，第二天应当以写信、贺卡或者电话等方式，再次向主人表示感谢。

拓展训练

明天公司将有一个重要的美国客户来洽谈业务。杨总经理将亲自出面接待，对方人员和我方人员各为3人，总经理特别指明要请客人吃西餐，请你负责本次宴请的安排。

本次活动出席的公司人员有杨总、张副总、李经理三人，美国客人分别是副总经理Jack，助理Mary小姐和市场销售总监Carl，请确定座次，并画出座次排列图，或现场布台，说明期间应该注意的事项。

任务评价

实训评价表

评价项目	评价标准	分值	自评分	小组评分	综合得分
西餐的准备礼仪	仪容仪表得体	10			
	席位安排合理	15			
用餐礼仪	入座礼仪规范	10			
	餐巾使用方法正确	15			
	餐具使用得体、正确	15			

评价项目	评价标准	分值	自评分	小组评分	综合得分
宴会结束时的礼仪	离席顺序正确，语言举止合乎规范	10			
综合表现	组织严密，小组成员间配合较好	10			
	演练中成员态度认真，表情自然，演示全面，设计思路清晰	15			
总分		100			
努力方向		建议			

项目五
涉外礼仪训练

 项目概述

　　随着我国经济的发展，国际间的交往日趋增多，《礼记·曲礼》中说："入境而问禁，入国而问俗，入门而问讳。"世界各国、各民族在各自生存发展的过程中，形成了多种多样的风土人情和习俗，使得交往时存在很多差异，了解交往对象国家或者民族的相关礼仪就显得十分必要。

　　本项目包括涉及亚洲主要国家的礼俗；欧洲、美洲主要国家的礼俗；大洋洲主要国家的礼俗。

 项目分解

　　本项目主要包括：

- 任务20　亚洲主要国家的礼俗
- 任务21　欧洲、美洲主要国家的礼俗
- 任务22　大洋洲主要国家的礼俗

任务目标

● 在交际中能够根据交际对象的国籍采用恰当的礼仪。

● 能够在国际交往中恰当合理的完成接待任务。

任务情境

一家外国电信公司在泰国曼谷进行分公司选地址时，看中了一处房价适中、交通方便且游人众多的地段，而这幢楼的对面是一尊虽不十分高大，但却非常显眼的如来佛像，有人提醒公司经理说，贵公司若在此开业，生意会很糟糕的。但公司经理非常自信，认为这不可能，因为公司在中东地区开设的另外几家公司，业务开展得都很红火。公司经理没听劝阻，分公司在这里如期开业了。

几年下来，公司生意清淡，公司经理终于面对现实，不得不换址，生意这才明显地好起来。经理本人对此大惑不解，后来才明白，业务不景气的根源在于公司的大楼高度超过了对面的如来佛像两层，公司的位置是在如来佛像之上。在一个信仰佛教的国家，这是严重犯忌的，没有尊重当地人对佛像的信仰和敬畏，他们自然产生感情上的拒绝，不愿与公司往来做生意了。

任务解析

十里不同风，百里不同俗。和不同国家的人交往，就要了解和遵守当地的风俗和习惯。在全球化的背景下，国际交往日益频繁和密切。国际交往是一种跨种族和文化的交往，在涉外交往中要了解尊重对方的宗教、文化等习俗，才能在交往中正确运用语言、行为和礼节进行交际，避免产生误解和冲突，这样才能赢得交往对象的理解和尊重，从而在涉外交往中得心应手。"任务情境"中的电信公司就是因为没有尊重当地人的信仰而影响了最初的生意。涉外礼仪的操作要点见表20-1。

表20-1 印度、泰国、日本礼仪习俗的操作要点

国家	见面礼仪	服饰礼仪	宗教	禁忌
印度	进门脱鞋、合掌礼、弯腰摸长辈的脚、献上花环等	男子传统服装是托蒂和"古尔达"。妇女的民族服装是"纱丽",喜戴首饰,鼻饰是已婚妇女的标志	印度教、基督教、佛教、锡克教等	忌同一盘中取食,忌用左手或双手拿食物、递礼品或者敬茶,忌食牛肉和使用牛皮制品。不能摸小孩的头,忌送百合花
泰国	见面行合十礼,行礼时,双手举得越高,表示尊敬的程度越深	男子传统民族服装叫"绊尾幔"和"帕农"纱笼,筒裙是泰国女子下装	佛教为国教,马来族信奉伊斯兰教,少数信奉基督教、天主教、印度教和锡克教等	忌非议佛教或不恭;入佛寺须脱鞋,摘下帽子和墨镜,忌高声喧哗,随意拍照;忌用左手取食、递接物品或者接触对方身体;忌摸孩子的头;忌把鞋底对着别人;睡觉忌讳头西脚东
日本	见面时行鞠躬礼,分为30°、45°、90°,鞠躬越深,越表示尊敬。行礼时,手上不拿东西,头上不戴帽子	传统服饰为和服。商务活动多穿西式服装	神道教、佛教等。大多数日本人既是佛教教徒、同时也信仰神道教。婚礼仪式多是以神道教的方式举行,葬礼大多用佛教的仪式来办理	不喜欢荷花;不能送盆花和带有泥土的花给病人。不喜欢数字4和9;忌讳敬烟;反感绿色和紫色,认为注视对方双眼是不礼貌的行为

训练内容

【情境训练】

（1）课前布置小组成员分工收集亚洲主要国家日本、印度、泰国的风俗和习惯,制作PPT。

（2）小组选派代表演示并讲解本组制作的PPT，介绍并模拟表演相关礼节。

训练手记：

_____。

【案例讨论】

案例1

李梅是一名外贸公司的职员，她机敏漂亮，待人热情，工作努力而出色，颇受领导重用。有一回，公司派李梅和几名同事一道，前往东南亚泰国洽谈业务。李梅和她的同事一抵达目的地，就受到了东道主的热烈欢迎。在欢迎宴会上，主人亲自为每一位来自中国的嘉宾递上一杯当地特产的饮料，以示敬意。轮到主人向焦小姐递送饮料之时，"左撇子"的李梅不假思索，自然而然地抬起自己的左手去接饮料。见此情景，主人没有把那杯饮料递到李梅伸过去的左手里，而是非常不高兴地将它重重放在餐桌上，然后扬长而去了，李梅和同事觉得非常的纳闷和不解。

思考：

（1）为什么东道主的态度会突然发生变化？

（2）与东南亚国家进行商务活动时应该注意哪些事项？

我来说：

_____

_____

_____

_____。

案例2

云南省的一家外贸公司与印度某商贸公司谈成一笔生意。为表示合作愉快，加强两公司今后的联系，中方决定向印方赠送一批具有地方特色的工艺品——皮质的相框。中方向当地的一家工艺品厂定制了这批货，这家工艺品厂如期保质保量地完成了。当赠送的日期快要临近时，这家外贸公司一位曾经去过印度的职员小刘看到相框后马上向公司领导提出了建议，公司领导十分重视，又让工艺品厂赶制了一批新的相框，并在原材料的选择上特地考察了一番，最后将礼品送给印度合作伙伴时，对方十分喜欢。

思考：

（1）小刘发现了什么？

（2）他向公司领导提出了什么建议？

（3）假如小刘要代表公司接待来自印度的客户，你会给小刘什么建议？

我来说：

_____

_____

_____

_____。

案例3

小叶是一名在日本的留学生，在一家公司做兼职。有一次有同事生病住院，小叶打算去医院探望同事，想到日本人喜欢黄色和白色，于是在挑选鲜花的时候特地选了白色的花束，为了避免颜色过于素淡，她还特地搭配了漂亮的紫罗兰。进入病房，同事的家人看到她前来探望非常高兴，可是，当看到她手中的花束时，脸上顿时没有了笑容，态度也变得冷淡了，同事的脸上也现出不悦的神色。

思考：

（1）为什么同事和家人对小叶的到来态度冷淡？

（2）同日本人交往时，应当注意哪些细节？

我来说：

_____

_____

_____

_____。

案例4

20世纪60年代，美国总统约翰逊访问泰国。泰国的电视台直播了国王与约翰逊总统的会见。画面中，一向性格豪放的约翰逊毫无顾忌地跷起了二郎腿，脚尖正对着国王；告别时，约翰逊起身用得克萨斯州的礼节紧紧拥抱了王后。泰国举国哗然。

思考：

（1）约翰逊总统违反了泰国的哪些礼仪禁忌？

（2）如何理解"入乡随俗""入国问禁"？

我来说：

_____

_____

_____

_____。

知识链接

一、印度的主要礼俗

（一）见面礼仪

印度人相互见面的礼节，有合掌、举手示意、拥抱、摸脚、吻脚。行礼时，若双手不拿物品，则双手合十，并口念敬语"纳马斯堆"。合掌之高低，对长辈宜高，两手至少要与前额相平；对晚辈宜低，可齐于胸口；对平辈宜平，双手位于胸口和下颌之间。若一手持物，则口念"纳马斯堆"，同时举右手施礼。对于长辈，或对某人表示恳求时，则行摸脚礼（用手摸长者的脚，然后再用手摸一下自己的头，以示自己的头与长者的脚相接触）。妻子送丈夫出门时，最高的礼节是摸脚跟和吻脚。

印度东南部的一些少数民族的人与客人相见时，总把自己的鼻子和嘴紧紧贴在对方的面颊上，并用力地吸气，嘴里还要叨念着"嗅一嗅我"，以示其对客人的崇敬。印度安达曼群岛上的森蒂耐尔人，在与久别挚友重逢时，双方要交替互坐膝头，并热烈地拥抱数分钟，以表示相逢后的喜悦心情。印度伊斯兰教徒的见面礼节是按其传统宗教方式，用右手按胸，同时点头，口念"真主保佑"。现代社交场合上的印度男人，也开始运用握手礼节了，但印度妇女除在重大外交场合外，一般不与男人握手。

（二）服饰礼仪

印度男子的传统服装，下身是托蒂，上身穿较肥大、长至膝盖的"古尔达"。头巾的色泽各异，缠法也不同。拉贾斯坦人的头巾和锡克人的头巾很有名，有时人们还在头巾上插上羽毛。在印度农村，男子一般不穿上衣，只在肩上搭一条汗巾，或用一块布包住上身，一端搭在肩上，人们叫它"恰达"。

印度妇女的民族服装是"纱丽"。纱丽通常用一块长6米左右、宽1.1至1.3米的布料做成。纱丽的穿法是从腰部缠起，最后披盖在肩上或蒙在头上。

印度人喜欢佩戴各种各样的首饰，且名目繁多，如发饰、耳饰、额饰、鼻饰、项链、脑饰、腕镯、上腕饰、指环等，大多为金、银或宝石制品。有些地方的人甚至把首饰看得重于衣装。根据传统的风俗，印度男子把首饰赠与女子被视为应尽的义务，女子把戴首饰视为生活的重要内容，但寡妇不能带任何首饰。鼻饰多为金银制品，它是已婚女子的装饰标志。

（三）餐饮礼仪

印度人的饮食由于民族和历史文化的影响，南北差异很大。北方受伊斯兰文化影响，烹饪通常是莫卧儿式的，特点是由许多肉、谷物和面包。南方多素食，特点是米饭和辛辣咖喱。所有印度菜肴中，唯一共同点是喜欢辣味。

印度人用餐通常不使用餐具。在北方，人们用右手的指尖吃东西，把食物拿到第二指关节以上是不礼貌的。在南方，人们用整只右手搅拌米饭和咖喱，并把它们揉成团状，然后食用。印度人用手进食，但不能用手触及公共菜盘或为自己从中取食，否则，将为同餐的人所厌恶。就餐时常有一个公用的盛水器供水，喝水时不能用嘴唇接触盛水器，而要对准嘴往里倒。餐后印度人通常给客人端一碗热水放在桌子上，供客人洗手。

（四）习俗禁忌

印度有"牛的王国"之称，印度人把牛奉为神物，是最神圣不可侵犯的动物，因此禁用禁食牛肉，也不得使用牛皮制品，进入寺庙，要穿着整齐，并脱鞋。

印度还有一项特别不同的习惯，回答对方问题时若将头歪一边或摇头，是肯定的表示。信仰印度教的印度人实行种姓制度，打听当地人的种姓阶级也是一件极不礼貌的事。印度的伊斯兰教徒不吃猪肉，游客最好食用鸡肉或羊肉。

在印度，不要摸小孩的头。印度人不希望别人摸自己头上的任何一部分，他们也不喜欢去摸别人。他们认为，头部是人体最高的部分，也是人体中最神圣无比的部分，尤其是孩子的头，被视为神明停留之处，所以，在任何情况之下绝不允许触摸。

印度人大部分信奉印度教，小部分人信奉伊斯兰教、基督教、锡克教、佛教等。忌讳白色，认为白色表示内心的悲哀，习惯用百合花当做悼念品。忌讳弯月的图案。视1、3、7为不吉利的数字，所以总要设法避免这些数字的出现。忌讳左手传递东西或食物，也不愿见到有人使用双手与他们打交道。印度教徒忌讳众人在同一盘中取食，也不吃别人接触过的食物，甚至别人清洗过的茶杯，也要自己再洗涤一遍后才使用。伊斯兰教徒禁食猪肉，也忌讳使用猪制品。印度阿萨姆邦的居民，对来访客人不接受并品尝他们敬让的槟榔果是极为不满的，认为这样是对主人的不友好和不信任。印度的锡克教人禁止吸烟。印度人不爱吃蘑菇、笋、木耳、面筋等，也不喜欢旺火爆炒而成的菜肴。

印度人社交习俗可以用以下几句话来概括：

> 国民多"种姓"，不同宗教多规定；
> 民族繁杂多信仰，性格一般多稳重；
> 绿色吉祥多偏爱，白色懊丧多忌用；
> 讲究礼貌多敬语，礼节方式多注重；
> 厌倦食物多种类，待人接物多禁令。

二、泰国的主要礼俗

泰国有"佛教之国""白象之国"之称。95%的居民信仰佛教，佛教为国教，国王是佛教的最高赞助人，通行佛历。因此，泰国的礼仪都沿用佛教的礼仪，全国有26万多和尚，一般每个20岁左右的男子都要当3个月的和尚，最短也要出家3天，才能取得成年人的资格，王族亦不例外。

（一）见面礼仪

由于信仰佛教，泰国人在一般的交际应酬中不喜欢与人握手，他们最常用的见面礼节是带有浓厚佛门色彩的合十礼。行礼时，立正站好，低头欠身，双手十指相互合拢，同时问候对方"您好！"行合十礼时双手举得越高，表示越尊重。合十礼大致可以分为四种规格：

（1）双手举于胸前，多用于长辈向晚辈还礼。

（2）双手举到鼻下，一般在平辈相见时使用。

（3）双手举到前额之下，仅用于晚辈向长辈行礼。

（4）双手举过头顶，只用于平民拜见泰王之时。

要注意的是：晚辈要先向长辈行礼，身份、地位低的人要先向身份、地位高的人行礼，对方随后也应还之以合十礼，否则即为失礼，只有佛门弟子可以不受此限制。在交际场合，泰国人习惯以"小姐""先生"相称。较为特殊的是，他们在称呼交往对象的姓名时，为了表示友善和亲近，一般不称呼其姓，而是称呼其名。因为深受佛教影响，泰国人讲究"温、良、恭、俭、让"，总是喜欢面含微笑，所以，泰国在国际上也称"微笑之国"。在交谈时，泰国人总是细声低语，在他们看来，跟旁人打交道时面无表情、愁眉苦脸，或者高声喧哗、大喊大叫，都是非常失礼的。

（二）服饰礼仪

泰国的各个民族都有自己的传统服饰。在正式场合，泰国人都讲究穿着自己本民族的传统服饰，并且以此为荣。泰国男子的传统民族服装叫"绊尾幔"纱笼和"帕农"纱笼。帕农是一种用布缠裹腰和双腿的服装；"绊尾幔"是用一块长约3米的布包缠双腿，再把布的两端卷在一起，穿过两腿之间，塞到腰背处，穿上以后，很像我国的灯笼裤。女筒裙是泰国女子下装。

泰国人的服饰喜用鲜艳的颜色，且用不同的色彩表示不同的日期。例如，黄色表示星期一，粉红色表示星期二，绿色表示星期三，橙色表示星期四，淡蓝色表示星期五，紫色表示星期六，红色表示星期日。因此，他们常按不同的日期，穿着不同色彩的服装。由于气候炎热，泰国人平时多穿衬衫、长裤与裙子。只有在商务交往中，他们才会穿深色的套装或套裙。

在公共场合，尤其是在参观王宫、佛寺时，禁穿背心、短裤和超短裙。去泰国人家里做客，或是进入佛寺之前，务必要先在门口脱下鞋子。另外，在泰国人面前，不管是站还是坐，都不能让鞋底露出来，尤其不要鞋底朝向对方，泰国人对此是非常忌讳的。

（三）餐饮礼仪

泰国人不喝热茶，喜欢在茶里加上冰块。在一般情况下，他们不喝开水，习惯直接饮用冷水。喝果汁时，习惯加入少许盐末。在口味方面，泰国人不爱吃过咸或过甜的食物，也不吃红烧的菜肴，而喜吃辛辣、鲜嫩之物；在用餐时，他们喜欢往菜肴中加入辣酱、鱼露或味精。他们最爱吃的食物是具有民族特色的"咖喱饭"。用餐后，他们往往喜欢吃上一些水果，但不太爱吃香蕉。在泰国民间，人们用餐时多习惯于围绕着低矮的圆桌跪膝而坐，以右手抓取食物享用，他们认为"左手不洁"，所以绝对不能以左手取用食物。如今，有些泰国人用餐时叉、勺并用，即左手持叉，右手执勺。

（四）习俗禁忌

在泰国，睡莲是国花，桂树是国树，白象则是国兽。与泰国人交往时，不要非议佛教，或对佛门弟子有失敬意，特别是切勿对佛祖释迦牟尼表示不恭。进入佛寺时，除了进门前要脱鞋之外，还要摘下帽子和墨镜。在佛寺内，不能高声喧哗，随意拍照，更不能爬到佛像上去进行拍照，抚摸佛像。妇女不能去接触僧侣。

泰国人非常喜爱红色和黄色，对蓝色也颇有好感。在他们看来，蓝色象征着"永恒"与"安定"。在泰国的三色国旗上，蓝色居中，并且代表着王室。泰国人比较忌讳褐色，他们还忌讳用红色的笔签字，或是用红色刻字，因为泰国人把红色字视之为死者所受的待遇。

在举行聚会时，参加者的数目有时是有讲究的。官方举行活动时，参加者通常为双数；私人举行活动时，被邀请的人数则通常为单数。不过，在民间活动中人们多讲究请九个人参加最佳，因为它的发音与"兴旺""发达"相似。

在泰国民间，狗的图案是禁止使用的。向僧侣送现金，被视为一种侮辱。

在举止上，泰国人的禁忌很多。有"重头轻脚"的说法，所谓"重头"是说泰国人的头部，尤其是孩子的头部，绝对不准触摸；拿着东西从泰国人头上通过，被视为一种侮辱；在睡觉时，忌讳"头朝西，脚向东"，认为是尸体停放的姿势。所谓"轻脚"，是说泰国人认为脚除了走路外，别无所长。因此，在泰国，不准用脚指示方向，不准脚尖朝着别人，不准用脚踏门，或是踩门槛。在外人面前席地而坐时，不准盘足或是双腿叉开。跟泰国人接触时，切勿不要动手拍打对方，或用左手接触对方。

三、日本的主要礼俗

（一）见面礼仪

日本人非常注重礼节，有人说日本人见面的礼节是"鞠躬成自然，见面递名片"。见面时多行鞠躬礼，鞠躬礼分为30°、45°、90°，鞠躬越深越表示尊敬。行礼时，手上一般不能拿东西，也不能把手插在衣袋中，头上也不可以戴帽子。熟悉的人见面互相鞠躬以二三秒钟为宜；在遇见社会地位比较高的人和长辈时，要等对方抬头以后把头抬起来，有时候甚至要鞠躬几次。

初次见面相互鞠躬，交换名片，一般不握手，在社交场合上也行握手礼。如果是女宾，女宾主动伸手才可以握手。有时，日本人还会一面与人握手，一面鞠躬致敬。初次见面一般是要相互交换名片，不然则会被理解为不愿意与对方交往，因此，接待日本客人时，应该提前备好名片。

（二）服饰礼仪

日本的国服是和服。日本人无论在正式场合还是非正式场合，都很注重自己的衣着。在正式场合，男子和大多数中青年妇女都着西式服装。男子穿西服通常都系领带，民间交往时，经常会穿和服。

与日本人交往时，衣着上要穿着整齐，不可过于随意，不可光脚或者穿背心；到日本人家里做客时，进门前，应当脱下大衣和鞋子；参加仪式或者庆典时，不论天气多热，都应穿套装，只穿衬衫或者将袖子挽起来，是失礼的行为。

日本人有进屋脱鞋的习惯，所以在日式酒店或餐厅，需要穿着清洁的鞋袜。

（三）餐饮礼仪

日本的饮食一般称为日本料理，饮食的禁忌不多，不吃肥猪肉和猪内脏。日本人好饮酒，最喜欢的酒是日本独有的清酒。

日本人吃饭用筷子，用筷有八忌：① 舔筷；② 迷筷，手拿筷子，拿不定吃什么，在餐桌上四处巡游；③ 移筷，动一个菜后又动一个菜，只吃菜不吃饭；④ 扭筷，扭转筷子，用舌头舔上面的饭粒；⑤ 插筷，将筷子插在饭上；⑥ 掏筷，将菜从中间掏开，拨弄着吃；⑦ 跨筷，把筷子骑在碗、碟上面；⑧ 剔筷，将筷子当牙签剔牙。在日本做客时，仅吃一碗饭会被视为宾主无缘，因此，即使是象征性的，也要再添一次饭。

（四）习俗禁忌

樱花是日本的国花，日本人不喜欢荷花，忌讳赠送或摆设荷花；在探望病人时忌用山茶花、仙客来及淡黄色和白颜色的花，也不能送盆栽的花或者带着泥土的花；菊花是皇室的标志，一般人不敢也不能接受这种礼物或礼遇。喜欢乌龟和鹤类等动物，因为这些动物给人以吉祥和长寿的印象，对装饰有狐狸和獾图案的东西很反感，认为狐狸"贪婪"和"狡猾"，獾"狡诈"。不喜欢紫色，认为紫色是悲伤的色调；最忌讳绿色，认为绿色是不祥之色。喜欢数字"7"，忌讳"4"和"9"，因为"4"和"死"的发音相似，"9"的发音和"苦"相似，很不吉利；他们对送礼特别忌讳"9"，会误认你把主人看作强盗；忌讳3人一起"合影"。他们认为中间被左右两人夹着，这是不幸的预兆。他们忌讳触及别人的身体，认为这是失礼的举动。

与日本人约会要提前5~10分钟到达，不能失约。有事拜访应事先通知，贸然登门会被视为极不礼貌的行为。在上下台阶特别是乘坐电动扶梯时，一定要遵守左行（东京地区）或右行（大阪）的习惯。赠送礼品时，包装不能扎蝴蝶结。

"OK"的手势在日本表示"钱"，要慎用。

拓展训练

日本山田株式会社的社长山田先生和业务代表一行4人（其中一人为女性）将来中国隆尼外贸公司进行业务考察和谈判，作为公司的秘书，应该如何接待山田等人？

要求：

（1）分小组合作完成接待计划。

（2）列出接待中应当注意的细节和礼仪。

（3）小组合作模拟演示接待情景。

任务评价

实训评价表

评价项目	评价标准	分值	自评分	小组评分	综合得分
PPT制作	相应国家礼俗知识准确，讲解熟练	10			
礼节演示	准确到位	10			
接待计划	有详细具体的时间安排和人员分工	10			
	行程安排合理、恰当	10			
	考虑周全，能根据客户的具体情况进行安排	10			
礼仪细节	熟知客方的礼俗习惯，了解客人的喜好和禁忌	10			
情景表演	礼节应用恰当，情节安排合理	10			
	语言表达准确、恰当	10			
	能体现女士优先的原则	10			
座次安排	能够根据国际礼宾次序要求安排位置	10			
总分		100			
努力方向		建议			

任务
21

欧洲、美洲主要国家的礼俗

● 在交际中能够根据交际对象的国籍而采用恰当的礼仪。

● 能够在国际交往中恰当合理的完成接待任务。

任务情境

　　青青旅行社是一家涉外旅行社，准备向来华的意大利游客每人赠送一件小礼品。旅行社向杭州知名厂家订购了一批真丝手帕，每个手帕上绣着精致花草图案，典雅，美观。手帕装在特制的纸盒内，盒上又有旅行社LOGO，一看就是精心准备的礼物。中国丝织品闻名于世，料想会受到客人的喜欢。

　　小李作为导游，在带领客人游完苏杭美景之后，为客人一一送上了礼物。可是，礼物打开后，车上一片哗然，议论纷纷，游客显出很不高兴的样子，特别是一位夫人，表现极为气愤，还有些伤感。小李慌了，好心好意送的礼物，不明白客人为什么如此反应？

任务解析

　　不同地区，不同国家的习俗不尽相同，因此，在涉外交往中，要注意和遵循不同礼仪要求，了解交往对象的国家和民族的礼仪习俗。上述"任务情境"中，作为一个涉外旅游接待机构，应当提前了解接待对象的风俗习惯，做好充分的准备工作，才能避免在接待中因为风俗和文化差异造成的误会。在意大利和西方告别时才赠送手帕，意为擦掉惜别的眼泪。案例中，意大利游客刚刚踏上盼望已久的中国大地，准备开始愉快的旅行，旅行社就送上手帕，客人自然不高兴。那位气愤的夫人，是因为她得到的手帕上面绣着菊花图案，菊花在意大利是用在葬礼上的花，被视为"丧花"。

　　了解和掌握不同国家的风俗和习惯以及礼仪要求，是涉外接待人员必须具备的知识素养和专业技能。欧洲、美洲主要国家礼俗的操作要点见表21-1。

表21-1 欧美主要国家礼俗的操作要点

国家	见面礼仪	服饰礼仪	宗教	禁忌
英国	握手礼最常用,还有鞠躬礼、点头礼、吻手礼、亲吻礼等,拥抱礼通常和亲吻礼同时进行	正式场合,男士穿三件套式西装,打传统领带,女装款式较多	基督教、天主教等	不能插队;不能砍价;不能过问隐私;厌恶13和星期五,厌恶黑色的猫,不喜欢大象,忌送百合花、菊花
德国	握手礼、亲吻礼、吻手礼、拥抱礼	正式场合男士穿三件套西装,女士穿裙式服装	基督教、天主教等	忌讳"13"和"星期五";不宜选择刀剑、剪、餐刀和餐叉等做礼品;交谈时不宜涉及纳粹、宗教与党派等话题
法国	握手礼、亲吻礼、吻手礼、拥抱礼	出席庆典仪式,要穿礼服。男士为配蝴蝶领结的燕尾服或者黑色西装套装;女士穿礼服	天主教等	忌讳"13"和"星期五";男士不宜向关系一般的女士赠送香水;接受礼品应当面打开包装并致谢
俄罗斯	握手礼、亲吻礼、吻手礼、拥抱礼	已婚妇女常戴白色头巾;未婚姑娘不带头巾,常戴帽子;城市男子多穿西装,女士以裙装为主	东正教等	忌讳"13",喜欢数字"7";不允许以左手接触别人或者传递物品
美国	握手礼	穿衣打扮崇尚自然,讲究着装体现个性。正式场合注重穿着	基督教、天主教等	忌讳"13"和"星期五";反感蝙蝠,厌恶吃狗肉的人;忌食动物内脏

训练内容

【情境训练】

（1）课前布置小组成员分工收集欧美主要国家德国、英国、法国、俄罗斯、美国的风俗和习惯，并制作PPT。

（2）小组选派代表演示并讲解本组制作的PPT，介绍并演示相关礼节。

（3）分组讨论：欧美国家礼俗的相同点和不同点，每组选派一名代表发言。

训练手记：

_____。

【案例讨论】

案例1

在一个秋高气爽的日子里，迎宾员小龙，身着一身剪裁得体的新制服，第一次独立走上了迎宾员的岗位。一辆白色高级轿车驶来，司机熟练而准确地将车停靠在饭店豪华大转门的雨棚下。小龙看到后排坐着两位男士，前排副驾驶座上坐着一位身材较高的外国女宾。小龙一步上前，以职业而标准的动作先为后排客人打开车门，客人下车关好车门后，小龙迅速走向前门，准备以同样的礼仪迎接那位女宾下车，但那位女宾却满脸不悦，小龙茫然不知所措。

思考：

（1）小龙按照座次顺序打开车门，女宾却满脸不悦？

（2）如何理解"女士优先"？

我来说：

_____

_____

_____

_____。

案例2

郑伟是一家大型国有企业的总经理。有一次，他获悉一家著名德国企业的董事长正在本市进行访问，并有寻求合作伙伴的意向。他想尽办法，联系上了对方，对方也有兴趣同他的企业进行合作，并且希望尽快见面。到了双方会面的那一天，郑总经理对自己的形象刻意进行了一番修饰。他根据自己对时尚的理解，上穿夹克衫，下穿牛仔裤，头戴棒球帽，足蹬旅游鞋。无疑，他希望自己能给对方留下精明强干、时尚新潮的印象。

然而事与愿违，郑总经理自我感觉良好的这一身时髦的"行头"，却让对方放弃了合作的打算。

思考：

（1）郑总经理的错误在哪里？他的德国同行对此有何评价？

（2）你可以给郑总经理哪些建议？

我来说：

_____

_____

_____

_____。

案例3

1896年，李鸿章在俄国访问时，参加了俄国皇帝的加冕典礼。礼仪结束之后，俄国女皇出于礼貌，向他伸出手来，李鸿章不知这是女皇要行吻手礼，认为是女皇向他索要礼品，便急忙将慈禧送给他的一枚钻石戒指脱下来，放在女皇手里，女皇将戒指戴上之后，再次将手伸出来。李鸿章则认为女皇太贪心，给了一次还要，而此时，他又无礼物可送，情景十分尴尬。

思考：

（1）李鸿章出访前做好哪些准备可以避免上述尴尬？

（2）行吻手礼有哪些需要注意的事项？

我来说：

_____

_____

_____

_____。

案例4

一位美国的工程师Jack被公司派到他们在德国收购的分公司，和一位德国工程师在一部机器上工作。当这个美国工程师提出建议改善新机器时，那位德国工程师表示同意并问美国工程师自己的做法是否正确，这位美国工程师用美国的"OK"手势给以回答，那位德国工程师放下工具就走开了，并拒绝和这位美国工程师进一步交流。

思考：

（1）德国的工程师为什么拒绝和Jack进行合作交流？

（2）"OK"手势在不同的国家有哪些不同的含义？

我来说：

_____

_____

_____

_____。

知识链接

一、英国的主要礼俗

在英国，英格兰人占80%以上，其余是苏格兰人、威尔士人和爱尔兰人等。居民绝大部分信奉基督教，只有少部分人信奉天主教等其他宗教。

英国是绅士之国，讲究文明礼貌，注重修养，同时也要求别人对自己有礼貌。注意衣着打扮，什么场合穿什么服饰都有一定惯例。见面时对尊长、上级和不熟悉的人用尊称，并在对方姓名前面加上职称、衔称或先生、女士、夫人、小姐等称呼；亲友和熟人之间常用昵称。初次相识的人相互握手，微笑并说："您好！"在大庭广众之下，人们一般不行拥抱礼，男女之间除热恋情侣外一般不手拉手走路。

（一）见面礼仪

握手礼是见面时最常用的礼节。鞠躬礼，是下级对上级或同级之间的礼节。行礼时须脱帽，脱帽时所用之手和敬礼方向相反，向左边的人敬礼，以右手脱帽；向右边的人敬礼，以左手脱帽。

点头礼是同级或平辈间的礼节，也须脱帽。如在路上行走间相遇，可在行进中施礼；如在路上遇见长官或长者，则须立正行鞠躬礼，但长官对部下或长者对幼者的答礼，可在行走中点头答之或伸右手或手触帽檐答之。

吻手礼是欧美上层社会的一种礼节。和上流社会贵族妇女或夫人见面，若女方先伸出手做下垂式，则将指尖轻轻提起吻之；若女方不伸手，则不吻。行吻手礼时，若女方身份地位较高，要屈一膝作半跪式后，再握手吻之。英法社会特别重视此项礼节。

亲吻礼是上级对下级、长辈对晚辈、朋友、夫妻之间表示亲昵、爱抚的礼节，通常是在受礼者脸上或额上轻吻一下。

拥抱礼是欧美各国熟人、朋友之间表示亲密感情的一种礼节，他们见面或告别时互相拥抱，表示亲密无间。拥抱礼通常和亲吻礼同时进行。

（二）服饰礼仪

在穿戴上，英国人是最讲究的。英国人的穿衣模式受到世界各国的推崇。英国人讲究衣着，但十分节俭，一套衣服一般要穿十年八年之久。一个英国男子一般有两套深色衣服，两三条灰裤子，目前英国人的衣着已向多样化、舒适化发展，比较流行的有便装夹克、牛仔服。

在交际应酬中非常重视绅士淑女之风。英国的燕尾服被认为是最能体现绅士风度的服饰，女士则一般穿深色套裙或是素雅的连衣裙，庄重、肃穆的黑色服装是首选。在英国参加正式宴会时要注意四点：忌打带条纹式的领带；忌不系长衬衫袖口的扣子；忌正式场合穿凉鞋；忌浅色皮鞋配深色西服。

（三）社交礼仪

正式场合注重礼节和风度，不仅表现为对妇女的尊重与照顾，也见于英国人的仪表修饰整洁、服饰得体和举止有方。

交谈时，英国人特别是上年纪的人，喜欢被别人称呼世袭爵位或荣誉头衔，要郑重其事地称之为"阁下"或"先生""小姐""夫人"。

如果被邀请到别人家做客，早到是不礼貌的，女主人还没完全准备好客人就到了，会使她感到非常尴尬，晚到10分钟最佳，晚到半小时就显得太迟了，需要向主人致歉。在主人家逗留太晚是很不礼貌的，如果只是共进晚餐和聊天，最好在10点至11点之间离开或者餐后1小时告别。如果被邀请留下来住几天或度周末，在离开之前应特意买束花送给女主人，这会使她非常高兴。离开后的第二天要发一封便函向主人致谢，并随附一件小礼品如一盒巧克力或一些鲜花等。

英国的宴请方式多种多样，主要有茶会和宴会，茶会包括正式和非正式茶会。英国人在席间不布菜也不劝酒，全凭客人的兴趣取用，一般要将取用的菜吃光才礼貌，不喝酒的人在侍者斟酒时，将手往杯口一放就行。客人之间告别可相互握手，也可点头示意。重大的宴请活动，一般都放在晚餐时进行。

去英国人家里作客，最好带价格较低的礼品，礼品一般有：高级巧克力、名酒、鲜花，他们格外欣赏具有民族特色的民间工艺美术品，对有客人公司标记的纪念品不感兴趣。苏格兰威士忌是很通行的礼品，烈性威士忌则不然。服饰、香皂之类的物品因涉及个人的私生活，一般不用来送人。忌送菊花和白色的百合花，其他的花都可送人，盆栽植物一般是宴会后派人送去。

在接受礼品时，会当着客人的面打开礼品，表示谢意。在英国送礼不得送重礼，以避贿赂之嫌。

到英国从事商务活动要避开7、8月，这段时间工商界人士多休假，另外在圣诞节，复活节也不宜开展商务活动。在商务会晤时，按事先约好的时间光临，不得早到或迟到。英国工商界人士办事认真，不轻易动感情和表态，他们视夸夸其谈，自吹自擂为缺乏教养的表现。

（四）习俗禁忌

1. 不能插队

英国人有排队的习惯。你可以看到他们一个挨一个地排队上公共汽车、火车或买报纸，加塞是一种令人不齿的行为。

2. 不能砍价

在英国购物，最忌讳的是砍价。英国人不喜欢讨价还价，认为这是很丢面子的事情。

3. 讨厌过问私事

去英国旅游，千万不要问人家"您去哪儿""吃饭了吗？"这类问题，中国人认为很热情，英国人会认为你很粗鲁。他们讨厌别人过问他们的个人生活，更不能问女士的年龄，英国人非常不喜欢谈论男人的工资和女人的年龄。

4. 其他禁忌

英国人认为13和星期五是不吉利的，尤其是13日与星期五相遇更忌讳，这个时候，许多人宁愿待在家里不出门。反感大象、孔雀、猫头鹰等图案，忌讳当众打喷嚏，忌讳用同一根火柴连续点二支烟，忌讳把鞋子放桌子上，忌讳在屋子里撑伞，忌讳从梯子下面走过。

二、德国的主要礼俗

（一）见面礼仪

德国人比较注重礼节形式。德国人之间初次见面，如果需要第三者的介绍，作为介绍人要注意：一般的习惯是从老者和女士开始，向老年人引见年轻人，向女士引见男士，向地位高的人引见地位低的人。在社交场合与客人见面时，一般行握手礼，握手时务必要坦然注视对方，握手的时间宜稍长，晃动的次数宜稍多，力量宜稍大一点。与熟人朋友和亲人相见时，一般行拥抱礼。在与客人打交道时，乐于对方称呼他们的头衔。

（二）服饰礼仪

德国人不喜欢花哨的服装，注重衣冠的整洁，穿西装一定要系领带。在赴宴或到剧院看文艺演出时，男士穿深色礼服，女士则穿长裙，并化淡妆。

（三）社交礼仪

德国人以严谨认真而著称，在社交场合也举止庄重，讲究风度。皱眉头等漫不经心的动作视为对客人的不尊重，是缺乏友情和教养的表现，比较反感四个人交叉握手或在交际场合进行交叉谈话。

德国人在宴会上用餐时，注重以右为上的传统和女士优先的原则。德国人举办大型宴会时，一般是在两周前发出请帖，并注明宴会的目的，时间和地点。

德国人讲究信誉，时间观念很强，一旦约定时间，迟到或过早抵达都被视为不懂礼貌。他们在谈判时态度明朗，谈生意时一般使用商业名片。

（四）习俗禁忌

德国国花是矢车菊，不宜随意送人玫瑰或蔷薇，前者表示求爱，后者专用于悼亡。向德国人赠送礼品时，不宜选刀、剑、剪、餐刀和餐叉，以褐色、白色、黑色的包装纸和彩带包装、捆扎礼品是不礼貌的。

德国主要信奉基督教和天主教，他们忌讳13和星期五。忌讳在公共场合窃窃私语，不喜欢他人过问自己私事。遇到别人生病，除伤风感冒或外伤等常见的病外，不要问及病因及病情，否则会招致窥视别人秘密之嫌。访友时，切不可搞"突然袭击式"的登门拜访，要事先约定。

德国人祝贺生日的习惯不同于中国人，按德国的习俗，生日不能提前祝贺。

三、法国的主要礼俗

法国法兰西人约占94%，多数居民信奉天主教。

（一）见面礼仪

法国人在社交场合与客人见面时，一般行握手礼，少女和妇女也常施屈膝礼。在男女之间，女士之间见面时，还常以亲面颊或贴面来代替相互间的握手。法国人有男性互吻的习俗，两个男人见面，一般要当众在对方的面颊上分别亲一下。在法国一定的社会阶层中，"吻手礼"也颇为流行。施吻手礼时，大都是男士向女士施礼，接受吻手礼的女士，往往都是已婚者。按惯例，一般不应当向未婚女性施吻手礼，手腕及其以上部位，是行礼时的禁区。

（二）服饰礼仪

法国人对于衣饰的讲究，在世界上很有名。所谓"巴黎式样"，在世人耳中意味着流行和时尚。在正式场合法国人通常要穿西装、套裙或连衣裙，颜色多为蓝色、灰色或黑色，质地多为纯毛。出席庆典仪式一般要穿礼服，男士多穿配蝴蝶结的燕尾服，或者黑色西装套装；女士多穿连衣裙式的单色礼服。对于穿着打扮，法国人认为重在搭配是否得法，在选择发型、手袋、帽子、鞋子、手表、眼镜时，都十分强调与着装相协调，相一致。

（三）社交礼仪

法国商务界非常重视商务礼仪，握手是开始或结束商务谈判的必要礼仪，并伴以适度的问候。法国的节日和休假时节都不是进行商务会面的"黄金时间"，一般包括整个8月份以及圣诞节和复活节。

工作时间一般是从周一到周五，早上9:00到下午6:00；银行的工作时间一般是早上9:00到下午4:30，商店营业时间大致是周一到周六，早上10:00到晚上7:00，一些大型超市营业会到晚上的10:00。商务约见，结合对方的工作时间，事先预约是必要的。

法国是世界上三大烹饪王国之一，西餐中，法国菜最讲究。法国人爱吃面食，面包的种类很多；他们大都爱吃奶酪，爱吃牛肉、猪肉、鸡肉、鱼子酱、鹅肝，不吃肥肉、宠物、肝脏之外的动物内脏、无鳞鱼和带刺骨的鱼。法国人特别善饮，他们几乎餐餐必喝，在餐桌上讲究要以不同品种的酒水搭配不同的菜肴；除酒水之外，法国人平时爱喝生水和咖啡。法国人用餐时，两手允许放在餐桌上，但不能将两肘支在桌子上，放下刀叉时，他们习惯于将其一半放在碟子上，一半放在餐桌上。法国人在餐桌上敬酒先敬女后敬男，哪怕女宾的地位比男宾低也是如此。走路、进屋、入座，都要让妇女先行。拜访告别时也是先向女主人致意和道谢。

（四）习俗禁忌

法国的国花是鸢尾花。一般不能随意送给法国人菊花、牡丹、玫瑰、杜鹃、水仙、金盏花和纸花等。法国的国鸟是公鸡，因为在法国人心中它是勇敢、顽强的化身。法国的国石是珍珠。法国人大多喜爱蓝色、白色与红色，他们忌讳的色彩主要是黄色与墨绿色。忌送菊花、康乃馨等黄色花，黄花象征不忠诚，玫瑰花只能送单数，除了表达爱情外，不能送红色花。法国人忌讳的数字是13与星期五。

人际交往之中，法国人十分看重赠送礼物，并有特别的讲究。宜选具有艺术品位和纪念意义的物品，不宜选用刀、剑、剪、餐具或是带有明显广告标志的物品。男士向一般关系的女士赠送香水，也是不合适的。接受礼品时不当面打开包装，是一种无礼的表现。

四、俄罗斯的主要礼俗

俄罗斯是一个地跨欧亚两大洲的国家，俄罗斯的礼仪风俗受到东西方文化的双重影响。

（一）见面礼仪

俄罗斯人和初次会面的人行握手礼，俄罗斯人对握手的礼仪非常讲究，在遇到上级或长辈时，不能先伸手。握手时要脱手套，站直，保持一步左右的距离，不能用力摇对方的手，与不熟悉的人握手，一般只能轻轻地握，用力握手表示亲近的关系。遇到妇女时，也要等对方先伸手，一般不与初次见面的妇女握手，而是鞠躬。对于熟悉的人，尤其是在久别重逢时，他们大多要与对方热情拥抱，有时还会互吻双颊。

见面接吻和拥抱，是俄罗斯人的重要礼节。男女在隆重的场合相遇，常常是男子弯腰吻女子手背。日常生活中行接吻礼时，长辈吻晚辈的面颊三次（先右、后左、再右），男子间只能拥抱，亲兄弟姐妹见面，可拥抱亲吻。

（二）服饰礼仪

大部分俄罗斯人讲究仪表，注重服饰。在俄罗斯民间，已婚妇女必须戴头巾，并以白色的为主；未婚姑娘则不戴头巾，但常戴帽子。

在城市里，俄罗斯人多穿西装或套裙，俄罗斯妇女经常穿连衣裙。前去拜访俄罗斯人时，进门之后要自觉脱下外套、手套和帽子，并且摘下墨镜。

（三）社交礼仪

在正式场合，他们通常采用"先生""小姐""夫人"之类的称呼。俄罗斯人非常看重社会地位，对有职务、学衔、军衔的人，最好以其职务、学衔、军衔相称。每年4~6月是俄罗斯人的度假季节，不宜进行商务活动，同时商务活动还应当尽量避开节假日。会见客户时要清楚地介绍自己，并把同伴介绍给对方。但要注意，俄罗斯商人一般在初次见面时不轻易交换名片。进入客户会客室后，要等对方招呼才能入座，吸烟应看当时的环境并征得主人同意才行，若是主人主动敬烟则另当别论。

会客中宾主的座次是：最尊贵的座位位于家中的圣像之下，主人坐在贵宾右侧，告别时客人要先向圣像祈祷，然后与主人行吻礼。年长者一般不到年幼者家中做客。

在迎接贵宾时，俄罗斯人通常会向对方献上"面包和盐"，这代表给予对方一种极高的礼遇。

俄罗斯人非常重视仪表，举止。社交生活中，俄罗斯人总是站有站相，坐有坐姿。站立时保持身体正直，等候人不论时间长短，都不会蹲在地上，也不会席地而坐，在社交场合忌讳剔牙等不良动作。

进餐多使用刀叉。忌讳用餐发出声响，不能用匙直接饮茶，或让其直立于杯中。吃饭时只用盘子，不用碗。参加俄罗斯人的宴请时，应对菜肴加以称赞，并且尽量多吃一些，如果将手放在喉部，表示已经吃饱。

（四）习俗禁忌

俄罗斯人视向日葵为"光明的象征"，称为太阳花，并定为国花。忌讳13与星期五，喜欢数字7，认为它是成功美满的预兆。镜子被视为"神圣物品"，打碎镜子意味着个人生活将出现疾病和灾难；打翻盐瓶、盐罐是家庭不和的预兆；打碎盘、碟子则意味着富贵和幸福；主张"左主凶，右主吉"，不允许以左手接触别人或用左手递送物品。

鲜花是俄罗斯人喜欢的礼物，花为三枝、五枝或九枝，单数为宜。只有在追悼亡人时，花才送双数。颜色以一种为宜，两种也可，但是不要多种颜色混杂在一起。

与俄罗斯人交谈时要避免谈及政治矛盾、经济难题、宗教矛盾、民族纠纷、苏联解体、阿富汗战争以及大国地位等问题。

五、美国的主要礼俗

美国是一个移民国家，其礼仪文化是多种文化的汇合。

（一）见面礼仪

美国人的见面礼节很简单，一般情况下以点头、微笑为礼，或者只是向对方说一声"嗨"。不是特别的场合，连世界通行的握手礼也会略去不用。若非亲朋好友，美国人一般不会主动与对方亲吻拥抱。如果男女之间握手，女方先伸出手，如女方无握手之意，男子应点头鞠躬致意；长幼之间由长辈先伸出手；上下级之间，由上级先伸出手；宾主之间由主人先伸出手。

（二）服饰的礼仪

重视场合与服装的搭配，许多场合对服饰有严格的规定。许多美国公司上班有专门设计定做的制服，在律师楼和银行上班的老板和职员们天天都是西装笔挺，而且每日均需要换。在美国举办宴会，往往会在请柬上注明对服装的要求。如果注明"黑领结"，男士应穿无尾礼服，系黑色领结，女士须穿晚礼服。如果没有注明"黑领结"，则表示正式穿着即可，西服就可以。如果写的是"白领结"，表示要穿燕尾服，系白色领带。

（三）社交礼仪

称呼别人时，美国人极少使用全称，他们更喜欢直呼其名，以示双方关系亲切。若非官方正式交往，一般不称呼官衔。大多数美国人不喜欢先生、女士或小姐这类称呼。

美国人不随便送礼，赠送的礼物通常不很贵重，一般会是书籍、文具、巧克力糖之类的物品，探访病人时以送鲜花与盆景为主；重视礼物的包装，收到礼物时，一定要马上打开，当着送礼人的面欣赏或品尝礼物，并立即道谢。

美国人办事重效率，每天都有计划，去美国家庭做客要提前预约，否则会打乱别人的计划，会被认为是不速之客，可能吃闭门羹。

用餐时，应等到全体客人面前都上了菜，且女主人示意后才开始用餐。女主人拿起她的勺子或叉子以前，客人不能食用任何一道菜。用餐完毕，女主人应先离座，客人再一起随着离开，餐巾放在桌上，不要照原来的样子折起，除非接受主人邀请留下吃下顿饭。

（四）习俗禁忌

美国人讲究个人空间，与美国人交谈要保持一定距离，他们不喜欢交谈中涉及个人私事，特别忌谈年龄、收入、婚姻、价值、信仰、物品等。

美国的国花是玫瑰，美国人偏爱山楂花和玫瑰花；最喜欢的颜色是白色，还喜欢蓝色和黄色，比较忌讳黑色；最讨厌的数字是13，美国人普遍喜欢的动物是狗，厌恶自称爱吃狗肉的人，讨厌蝙蝠，认为它是凶神恶煞的象征。

拓展训练

　　小李是锦泰外贸公司的一名职员，6月份公司要派他到法国出差，拜访客户并洽谈业务，你认为小李应该做好哪些礼仪方面的准备？

　　要求：

（1）小组成员分工明确，合作完成。

（2）将小李应做的准备以PPT形式加以展示，并进行解说和模拟演示。

任务评价

实训评价表

评价项目	评价标准	分值	自评分	小组评分	综合得分
小组合作	分工明确，任务分配合理	10			
任务完成	知识准确、全面	20			
	PPT课件美观、流畅	20			
	解说语言流利、与课件内容配合无误	15			
	模拟演示准确、到位	15			
	礼仪、礼节使用合理准确	20			
总分		100			
努力方向		建议			

任务目标

● 在交际中能够根据交际对象的国籍而采用恰当的礼仪。

● 能够在国际交往中恰当合理的完成接待任务。

任务情境

　　小张是北京市的一名出租司机，他自学英语，并成为所在公司的学英语标兵，小张感到十分自豪。

　　一天，小张的车上来了一位外国客人，小张觉得这是个锻炼自己说英语的机会，便主动向他问好，对方发现北京的出租司机居然会流利的英语，非常高兴，不一会儿，两人就聊了起来。在交谈中，小张开始和对方像熟人一样拉起家常来。"您今年多大了？"对方没有正面回答却说："你猜猜看。"小张转而又问"你有家了吧？有孩子吗？是儿子还是女儿？"这位外国客人对着路边的建筑说"北京比我原来想象的要漂亮多了"并岔开了话题。后来直到下车，这位外国客人始终保持沉默，小张很纳闷，难道我的英语太差他听不懂吗？

任务解析

　　在国际交往中，人们普遍讲究尊重个人隐私，并且将尊重个人隐私与否，作为衡量一个人是否有教养，是否尊重他人的重要标志之一。案例中，小张与这位外国朋友不欢而散的原因不是因为他的英语水平太差，主要是因为他在交谈中提出的问题，在外国人看来，属于个人隐私，是不应该如此提问的。大洋洲主要国家的礼俗操作要点见表22-1。

表22-1　大洋洲主要国家的礼俗操作要点

国家	见面礼仪	服饰礼仪	宗教	禁忌
澳大利亚	亲吻礼、合十礼、鞠躬礼、握手礼、拱手礼、点头礼；土著居民见面时行勾指礼	正式场合男士着西装，打领带；女士穿裙装	基督教等	社交场合，忌打哈欠，伸懒腰等小动作；忌向别人尤其是女性眨眼；视兔子为不祥之物；忌讳数字"13"和"星期五"；周日是礼拜时间
新西兰	握手礼、鞠躬礼、注目礼，毛利人行"碰鼻礼"	以欧式服装为主；女士出席宴会，要身着盛装，并化妆；女士出席打高尔夫球活动也着裙子	基督教、天主教等	忌讳数字"13"和"星期五"；忌谈收入、家庭等涉及个人隐私的话题；与毛利人拍照，须征得其同意

训练内容

【情境训练】

（1）课前布置小组成员分工收集澳大利亚、新西兰的风俗和习惯，制作PPT。

（2）小组选派代表演示并讲解本组制作的PPT，介绍并演示相关礼节。

（3）分组讨论：比较澳大利亚、新西兰与英国礼仪习俗的相同点和不同点，每组选一名代表发言。

（4）欧洲的一个商务考察团到新西兰进行商务考察，考察期间到了毛利人居住地，毛利人举行了盛大的欢迎仪式，根据课前准备，两组为一队，分别代表欧洲商务考察团和毛利人，表演毛利人的欢迎仪式。

训练手记：

_____。

【案例讨论】

案例

小赵是青岛鼎顺贸易公司的一名业务代表，年轻，帅气，业务能力强，是公司的后起之秀，深受领导的器重。公司与澳大利亚一家公司是合作伙伴，业务沟通往来频繁。上个月，澳方公司总裁约翰前来谈判考察，领导也想给小赵一次锻炼的机会，安排他跟随负责该项业务的副总接待约翰一行。

思考：

（1）接待澳大利亚客人应该注意哪些事项？

（2）接待日程中有商务考察，打高尔夫，游览观光等活动，请你从衣着和谈吐方面给小赵提出合理的建议。

我来说：

_____

_____

_____

_____。

知识链接

一、澳大利亚的主要礼俗

澳大利亚是一个移民国家，主要信奉基督教，生活习惯以及文化等深受英国的影响。

（一）见面礼仪

澳大利亚人见面多以亲吻礼、合十礼、鞠躬礼、握手礼、拱手礼、点头礼作为招呼的礼节。澳大利亚的土著居民在见面时行勾指礼，相见的双方各自伸出手来，双方的中指勾住，然后再轻轻地往自己身边一拉，以示相亲、相敬。澳大利亚人大都名在前，姓在后，称呼别人先说姓，再加先生，小姐或太太之类。

（二）服饰礼仪

男子多穿西服，打领带，在出席正式场合时西装革履，打黑色领结。达尔文服是流行于达尔文市的一种简便服装。妇女一年中大部分时间都穿裙子，在社交场合则套上西装上衣。无论男女都喜欢穿牛仔裤，他们认为穿牛仔裤方便自如。土著居民不太讲究，往往赤身裸体，或在腰间扎一条围巾，有些地方的土著人会把围巾披在身上，土著人的装饰品丰富多彩。

（三）社交礼仪

澳大利亚人讲究礼貌，大多数男士不喜欢紧紧拥抱或搭住双肩之类的动作。在社交场合，忌讳打哈欠，伸懒腰等小动作，忌在公共场合大声喧哗。银行、邮局、公共汽车站等公共场所，都是耐心排队等待，秩序井然。澳大利亚社会尊重"妇女优先"的习惯。时间观念很强，约会必定事先联系并准时赴约，到家中做客时，最合适的礼物是给女主人带上一束鲜花，或者给男主人送一瓶葡萄酒，到澳大利亚进行商务活动的最佳月份是3~11月。与澳大利亚人交谈时，可以多谈旅行，体育运动以及在澳大利亚的见闻等话题。

（四）主要禁忌

在澳大利亚，即使很友好地向人眨眼（尤其是妇女），也会被认为是极不礼貌的行为。澳大利亚人最喜爱的动物是袋鼠与琴鸟。他们对兔子特别忌讳，认为兔子是一种不吉祥的动物，看到它会倒霉，预示着厄运要临头。忌讳数字"13"和"星期五"；忌讳"自谦"的客套语言，认为这是虚伪和无能或看不起人的表现。澳大利亚人严守"周日做礼拜"的习惯，不宜在周日安排活动。

二、新西兰的主要礼俗

新西兰是个多民族国家，主要是欧洲后裔和本土毛利人，欧洲后裔占主导地位，特别是英国移民的后裔占人口的绝大多数。新西兰的礼仪习俗具有鲜明欧洲特色，尤其是英国特色。

（一）见面礼仪

初次见面的社交礼仪有握手礼、鞠躬礼、注目礼等。与女士握手时，必须是女士先伸出手；鞠躬礼是向尊长行礼的平常方式，新西兰的鞠躬礼不同于中国式的鞠躬，面对尊长，行使鞠躬礼时，鞠躬者要抬着头、挺着胸，我国则是上半身全部向前倾向尊长。路遇他人，包括不相识者，新西兰人往往会向对方行注目礼，面含微笑目视对方，同时问候对方："你好！"初次见面，身份相同的人互相称呼姓氏，并加上"先生""夫人""小姐"等，熟识之后，直呼其名最受欢迎，称呼官衔往往令人侧目。

碰鼻礼，是毛利人的特色，也是少见的商务礼仪。主人在迎接客人时，主人要与对方彼此用鼻碰，相互碰上两三次，时间越长，次数越多，表明客人所受的礼遇越高。毛利人除了碰鼻礼外，还会有迎接宾客的列队仪式，仪式人员会有意对客人们吐舌头、瞪眼睛、扮鬼脸等，领头者会拿一把剑或是绿叶枝条投在地上，此时客人必须把它拾起来，恭敬地捧着，直到对方舞毕，再双手奉还，这是最古老隆重的迎宾礼俗。

（二）服饰礼仪

新西兰人是欧洲移民的后裔，在日常生活里通常以穿着欧式服装为主，看重服饰质量，讲究庄重，偏爱舒适。在新西兰，女士若出席宴会，不但要身着盛装，而且一定要化妆，不化妆被视为不礼貌、不尊重别人的表现。在新西兰女士出席打高尔夫球的商务活动时，也是身着裙子。

毛利人在出席宴会时，惯于披披肩，腰扎围裙，戴头饰或花环，或插羽毛。男性喜欢身着鲜艳的服装，手提长矛利剑，耀武扬威，渲染现场喜庆的气氛。

（三）社交礼仪

应邀到新西兰人家里吃饭，可以带一盒巧克力或一瓶威士忌作为礼物，礼品不要太多或太贵重。当众闲聊、剔牙、吃东西、喝饮料、嚼口香糖、抓头发、紧腰带，均被新西兰人视为不文明的行为。新西兰人在男女交往中较为拘谨保守，男女同场活动往往遭到禁止，看电影也分男女专场。女子在日常生活中比较沉默，她们往往用手势表达情感。新西兰人避免谈及收入、年龄、婚姻、家庭、政治信仰和宗教信仰、国内种族问题、个人生活习惯等敏感问题。

毛利人招待贵宾时，最高档次的大菜是"烧食烤饭"。

（四）习俗禁忌

新西兰人主要信奉基督教和天主教，忌讳"13""666"数字与"星期五"。如果遇上一天既是13号，也是星期五，新西兰人会尽量避免外出活动；不喜欢用"V"字手势去表示胜利。

毛利人信奉原始宗教，信徒相信灵魂不灭，对拍照、摄影十分忌讳。

拓展训练

澳大利亚商务代表杰弗里（Michael）先生一行5人，受邀到中国外贸五矿公司进行投资考察，公司安排李娜负责做好相关的接待准备工作。你认为李娜应该从哪些方面入手进行准备呢？

要求：

（1）拟出接待方案，明确人员分工。

（2）小组交流探讨应当知晓的礼仪知识。

（3）小组模拟表演在机场初次见面的情境。

任务评价

实训评价表

评价项目	评价标准	分值	自评分	小组评分	综合得分
小组合作	分工明确，任务分配合理	10			
任务完成	知识准确、全面	20			
	PPT课件美观、流畅	20			
	解说语言流利、与课件内容配合无误	15			
	模拟演示准确、到位	15			
	礼仪、礼节使用合理准确	20			
总分		100			
努力方向		建议			

参考文献

[1]张岩松，唐召英.现代交际礼仪实训教程[M].北京：清华大学出版社，2011.

[2]董乃群，刘庆军.社交礼仪实训教程[M].北京：清华大学出版社、北京交通大学出版社，2020.

[3]王炎，杨晶.商务礼仪[M].2版.北京：电子工业出版社，2018.

[4]宋湘绮，刘伟.项目化——秘书综合实训[M].2版.北京：电子工业出版社，2014.

[5]姚伟，张东红.现代商务礼仪[M].北京：人民邮电出版社，2011.

[6]徐飚.文秘实习实训教程[M].2版.北京：高等教育出版社，2012.

[7]普诚雨.秘书礼仪基础[M].2版.北京：高等教育出版社，2010.

[8]徐克美.商务礼仪与公关[M].北京：高等教育出版社，2008.

[9] J.斯特罗曼，K.威尔逊.经理助理与秘书手册[M].上海：上海人民出版社，1997.

[10]金正昆.公司礼仪[M].3版.北京：首都经济贸易大学出版社，2013.

[11]陈丽卿.职场礼仪[M].北京：机械工业出版社，2010.

[12]陈国强.办公室礼仪与口才[M].北京：中国经济出版社，2008.

[13]张岩松.现代公关礼仪[M].3版.北京：经济管理出版社，2014.

[14]李振辉.应用文写作实训教程[M].3版.北京：机械工业出版社，2013.

[15]范立荣.秘书国家职业资格培训教程[M].北京：海潮出版社，2003.

郑重声明

高等教育出版社依法对本书享有专有出版权。任何未经许可的复制、销售行为均违反《中华人民共和国著作权法》，其行为人将承担相应的民事责任和行政责任；构成犯罪的，将被依法追究刑事责任。为了维护市场秩序，保护读者的合法权益，避免读者误用盗版书造成不良后果，我社将配合行政执法部门和司法机关对违法犯罪的单位和个人进行严厉打击。社会各界人士如发现上述侵权行为，希望及时举报，本社将奖励举报有功人员。

反盗版举报电话　（010）58581897　58582371　58581879
反盗版举报传真　（010）82086060
反盗版举报邮箱　dd@hep.com.cn
通信地址　北京市西城区德外大街4号
　　　　　高等教育出版社法律事务与版权管理部
邮政编码　100120

防伪查询说明

用户购书后刮开封底防伪涂层，利用手机微信等软件扫描二维码，会跳转至防伪查询网页，获得所购图书详细信息。也可将防伪二维码下的20位密码按从左到右、从上到下的顺序发送短信至106695881280，免费查询所购图书真伪。

反盗版短信举报

编辑短信"JB，图书名称，出版社，购买地点"发送至10669588128

防伪客服电话

（010）58582300

学习卡账号使用说明

一、注册/登录

访问http://abook.hep.com.cn/sve，点击"注册"，在注册页面输入用户名、密码及常用的邮箱进行注册。已注册的用户直接输入用户名和密码登录即可进入"我的课程"页面。

二、课程充值

点击"我的课程"页面右上方"充值"图标，正确输入教材封底上的明码和密码，点击"确定"完成课程充值。

三、访问课程

在"我的课程"列表中选择已充值的课程，点击"进入课程"即可浏览或下载与本书配套的课程资源。

使用学习卡账号如有任何问题,请发邮件至：4a_admin_zz@pub.hep.cn。